JN343577

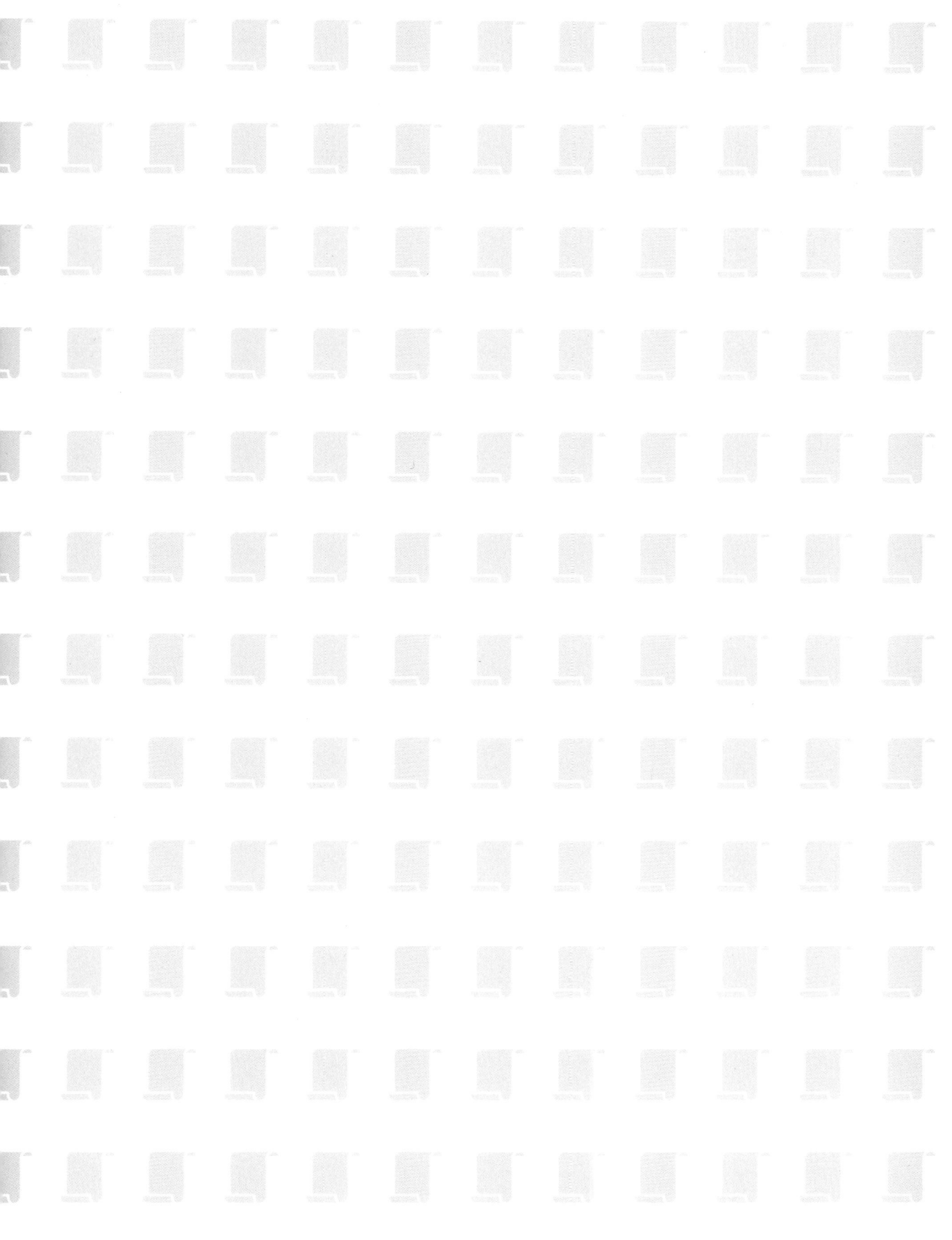

디지털이
종이를 삼키면,
지구 **온도**는
내려갈까?

초판 1쇄 발행 2020년 1월 20일
초판 2쇄 발행 2021년 4월 30일

글 송지혜
그림 김성영
감수 CMS에듀영재교육연구소

발행인 이충국
편집인 이은주
편집 이은희 · 진영수
마케팅 진영수
디자인 씨오디

사진 그레이프랩(주) 문화재청 셔터스톡 연합뉴스 위키미디어 청주고인쇄박물관

ISBN 979-11-88779-09-3 74300
　　　979-11-955561-3-7 (세트)

펴낸곳 생각하는아이지
출판등록 2015년 3월 11일 제 2015-000038호
주소 06551 서울시 서초구 동작대로 234 CMSM빌딩
전화 02-519-9102
팩스 0507-478-1291
전자우편 thinkingig@cmsedu.co.kr

ⓒ 송지혜 2020

＊생각하는아이지는 ㈜CMS에듀의 출판 브랜드입니다.
＊이 책은 저작권법에 따라 보호받는 저작물이므로 무단 전재와 무단 복제를 금지하며,
　이 책 내용의 전부 또는 일부를 이용하려면 저작권자와 생각하는아이지의 서면 동의를 받아야 합니다.
＊잘못된 책은 바꾸어 드립니다.

이 도서의 국립중앙도서관 출판시도서목록(CIP)은 서지정보유통지원시스템 홈페이지 (http://seoji.nl.go.kr)와
국가자료공동목록시스템(http://www.nl.go.kr/kolisnet)에서 이용하실 수 있습니다. (CIP제어번호 : CIP2020000246)

어린이제품안전특별법에 의한 제품표시		
제조자명 생각하는아이지	제조국명 대한민국	전화번호 02-519-9102
사용연령 10세 이상 어린이제품		주소 서울시 서초구 동작대로 234 CMSM빌딩

송지혜 글 · 김성영 그림 | CMS에듀영재교육연구소 감수

생각하는 아이지

디지털이 종이를 삼킨 세상이란 어떤 세상일까?

한번 상상해 볼래요? 스마트폰과 컴퓨터가 사라져 버린 거예요. 당장 유튜브 게임 중계를 볼 수도, 모바일 게임을 할 수도 없고 단체 채팅방에서 친구들과 폭풍 수다도 할 수 없을 테니 무슨 낙이 있을까 싶죠? 어른들은 여러분보다 훨씬 더 당황하겠죠. 장을 보고, 쇼핑을 하고, 음식을 주문하고, 공과금을 내는 것처럼 일상생활의 상당 부분을 스마트폰으로 해결하는 데 익숙하잖아요. 또 어떤 직업을 갖고 있든지 컴퓨터와 인터넷, 통신을 이용하지 않고서는 일을 처리하기 어려우니까요. 이렇게 우리는 스마트폰, 컴퓨터뿐만 아니라 일상의 모든 사물과 활동이 디지털로 연결된 세상에 살고 있죠.

모든 형태의 정보가 0과 1의 끝없는 조합으로 기록되고, 저장되고, 전달하고, 처리되는 기술이 바로 '디지털'이에요. 요즘 같아선 디지털의 혜택을 입지 않고 어떻게 살 수 있을까 싶을 거예요. 하지만 디지털이 등장하기 전에도 나름 잘 살았어요. 우리에겐 '종이'가 있었으니까요. 종이는 다양한 형태의 지식과 정보를 기록하고 보관하고 저장하고 또 전달과 전파까지 할 수 있는 아주 유용한 발명품이에요. 인류의 역사, 문화, 정치, 경제 전반에 걸쳐 '종이'의 활약상은 그야말로 눈부십니다. 디지털이 종이를 삼킨다는 건, 이러한 종이의 고유한 기능을 디지털이 대신한다는 말이에요. 종이가 없더라도 스마트폰과 컴퓨터, 인터넷만 있으면 된다는 거죠. 과연 그럴까요?

일단 우리는 종이를 얼마나 많이 사용할까요? 아! 벌써 여러분은 종이 책을 읽고 있네요. 화장실, 거실, 부엌, 그리고 택배 상자가 쌓여 있는 현관까지 주변을 스윽 둘러보기만 해도 '종이'를 쉽게 발견할 수 있어요. 그만큼 종이의 혜택을 많이 누리면서 살고 있다는 거 아닐까요? 그렇다면 종이를 제대로, 잘 사용하고 있을까요? 혹시 지나치게 많이 쓰고 버리고 있지는 않을까요? 전 쓰레기 분리수거 하는 날이면 이 질문을 안 할 수가 없더라고요. 최근 전 세계에서 기후 위기 선언을 할 만큼 환경 오염이 나날이 심각해지고 있다고 하니 더욱 더 그렇더군요. 500년 동안 썩지 않는 플라스틱에 비하면 종이는 친환경 소재니까 괜찮지 않냐고요? 하지만 잘 알다시피 종이는 나무로 만드는걸요? 나무를 베어 숲을 줄이고, 생산 과정에서 여러 오염 물질을 뿜어내기 때문에 종이 또한 지구 온난화에 한몫 단단히 한다고 보는 사람들도 있거든요. 이들은 디지털이 종이를 대체하면 지구 온도가 내려갈 수 있다고 기대하기도 해요. 정말 그럴까요?

단순히 종이가 예전의 명성을 잃고 디지털에 자리를 내주고 있다고만 보기에는 이것저것 짚어 볼 문제와 질문이 꽤 많더라고요. 그래서 종이 가문을 대표하는 책과 택배 상자와 함께 무슨 일이 있는지 들여다보려고요. 여러분도 같이 가요.

송지혜

 **차례**

디지털이 종이를 삼킨 세상이란 어떤 세상일까?   4

많이 만들고, 쓰고, 버리는 종이

과거와 현재, 종이는 지금도 변신 중   10
사무실에서 종이는 사라질 거야   13
택배 상자 열면 종이, 그 종이 열면 또 종이   16

생각을 더더더 ✶ 재해 현장에 세워진 종이 집   18

인류의 지식과 지혜를 담는 그릇

알타미라 동굴 벽화와 함무라비 법전이 하는 말   22
드디어 종이가 나타났다!   28
기록 위에 세워진 역사   32
종이 위에 맺은 약속   35
다 빈치와 에디슨의 특별한 노트   38

생각을 더더더 ✶ 세상에서 가장 튼튼한 종이, 한지   42

시간과 공간을 초월하는 전달자

누구나 읽을 수 없는 책   48
구텐베르크 인쇄기와 종이가 만나다   52
면죄부와 종교 개혁   56
책, 혁명의 불씨가 되다   58
우주의 중심이 바뀌다   62
신문은 힘이 세다   64

생각을 더더더 ✶ 한국에서 탄생한 최초의 금속 활자   68

종이, 이렇게 써도 괜찮을까?

나무에서 태어나는 종이　74
사라진 숲, 사라지는 생물들　78
하얀 종이 뒤의 검은 진실　84
종이 때문에 지구가 뜨거워!　88
다시 쓰면 어떨까?　91
똥과 돌, 종이가 되어라!　94

생각을 더더더 ★ 나무들의 어머니, 왕가리 마타이　98

디지털 시대의 종이

백과사전을 집어 삼킨 컴퓨터　104
종이 없는 세상이 올까?　108

생각을 더더더 ★ 종이 없는 세상에서 소외되는 사람들　114

지구 온도를 올리는 주범은 종이도 디지털도 아닌, 바로 나!　118

참고문헌 및 출처　120

많이 만들고, 쓰고, 버리는 종이

과거와 현재, 종이는 지금도 변신 중

종이 구경 잘했니? 딱지, 우표, 시내 버스 승차권처럼 지금은 흔히 볼 수 없는 것부터 하루에도 몇 번씩 사용하는 화장지와 택배 상자에 이르기까지, 이 모든 것들의 공통 재료가 바로 오늘의 주인공 '종이'야. 아! 네가 읽고 있는 이 책 또한 빼놓을 수 없지.

그런데 구경하다 보면, '종이'는 옛날에는 유용했지만 지금은 존재감이 예전 같지 않다고 느낄 수도 있을 거야. 정보 통신이 발달하면서 디지털 기기가 역할을 대신하는 경우가 늘고 있으니까. 손 편지를 쓰는 대신 이메일이나 스마트폰 메신저로 소통하는 게 일상이고, 딱지치기나 연날리기 놀이보다 인터넷이나 모바일 게임까지 즐기는가 하면, 시험도 시험지 없이 컴퓨터 화면 보고 치르는 시대에 살고 있잖아.

하지만 주변을 스윽 둘러보렴. 눈 떠서 눈 감을 때까지 생활 곳곳에서 마주치는 종이 제품이 생각보다 많을걸? 부모님이 너희 나이 때 사용했던 종이 제품 가운데 이제는 드물게 사용하거나 아예 사라진 것들도 적지 않지만, 종이를 대체할 수 없는 영역 또한 여전히 남아 있고, 쓰임새도 새로워지고 있어.

사무실에서 종이는 사라질 거야

　종이에 대해서라면 나도 한마디 해야지. 나는 미국의 문명 평론가이자 미래학자로 불리는 앨빈 토플러라네. 1980년 『제3의 물결』이란 책을 내서 주목을 받았지. 개인과 사회의 활동이 인터넷으로 연결되면서 모든 정보와 지식을 컴퓨터와 같은 디지털 기기를 통해 공유하고 처리하는 정보화 사회가 올 것을 예측했거든. 아니, 내 예측이 딱 맞아떨어져서 유명해졌다고 하는 게 정확하겠군.

　내가 책을 펴낸 후 20~30년 만에 회사와 공공 기관은 물론이고 집집마다 개인 컴퓨터가 보급되고 인터넷이 깔렸지. 전 세계 사람들이 초고속 통신망을 통해 연결되었다고 해서 '지구촌'이라는 말까지 등장했다네. 정보 통신망을 통해 흐르는 정보를 얼마나 빠르고 정확하게 습득하고 처리할 수 있는지로 경쟁력을 가르는 새로운 시대가 열린 거라네. 그러면서 지식이나 정보를 얻던 방식은 물론이고 사람들과 관계를 맺거나 여가를 즐기는 것에 이르는 모든 생활 방식이 큰 변화를 보이지. 내가 예상한 그대로 말일세.

하지만 내 예상이 보기 좋게 빗나간 부분도 있었는데, 그게 바로 '종이'라네. 나는 정보화 사회에서는 대부분의 일이 컴퓨터를 통해 처리될 테고, 모든 문서가 파일 형태로 저장되거나 이동하기 때문에 적어도 회사에서는 더 이상 종이를 사용할 일이 없을 거라고 생각했어.

그런데 오히려 종이 사용량이 늘어났다지 뭐야. 일단 손으로 한 자, 한 자 써서 문서를 작성할 때에 비해 컴퓨터로 문서를 작성하니 문서 양 자체가 많아진 게 이유였다네. 오탈자를 고치는 것은 물론이고, 서체를 바꾸거나 표를 만들어 넣거나 하는 편집 작업도 손쉽게 빨리 할 수 있었으니까.

여기에 컴퓨터와 인터넷이 발달하면서 복사기나 프린터 같은 문서 출력 장비 또한 널리 보급되고 성능이 좋아진 것도 한몫을 했지. 예전에는 컴퓨터가 귀했으니 이런 장비를 갖춘 사무실이 많지 않았을 뿐만 아니라, 있다고 하더라도 인쇄 속도나 품질이 떨어지고 고장도 잦다 보니 사용량이 적었다네. 꼭 필요한 경우에만 복사나 인쇄를 한 거지. 그러다 장비의 성능이 좋아지니 문서를 인쇄하거나 복사하는 일이 자연스레 많아지지 않겠는가. 그만큼 종이 사용량 또한 늘어나고 말일세.

그럼, 앨빈 토플러 박사님! 이건 예측하셨나요? 저 택배 상자가 주목받는 세상 말이에요. 요즘은 마트나 시장에 가서 물건을 직접 구매하는 것 못지않게 인터넷 쇼핑몰에서 물건을 사는 일이 많아졌어요. 그러면서 주문한 상품이 배송 중에 망가지지 않게 꽁꽁 싸매는 포장지나 완충제, 그리도 저 같은 상자를 엄청나게 많이 사용하고 있어요.

또 하나 종이가 주목받는 분야가 있는데 바로 '환경'. 최근 플라스틱이 환경 오염의 심각한 주범으로 눈총을 받으면서, 플라스틱 사용 줄이기가 마치 운동처럼 번지고 있어요. 그러면서 종이가 '친환경' 이름을 달고 플라스틱 자리를 대신하고 있어요. 플라스틱으로 만든 빨대, 쇼핑 봉투, 도시락 용기, 라면 용기, 완충제 등이 종이로 만들어지고 있어요. 더 나아가 옷이나 가구, 키보드처럼 종이로 제작하기 불가능해 보이는 것조차 버젓이 세상에 나오고 있어요. 도대체 종이의 가능성은 어디까지일까? 요즘 들어 더욱더 궁금하고 기대도 되고 그래요.

택배 상자 열면 종이, 그 종이 열면 또 종이

종이가 이렇게 다양한 매력을 내뿜으니까 그만큼 많이 사용하는 건 자연스런 일이겠지. 한국은 1960년만 하더라도 1년에 한 사람이 3~4킬로그램 정도의 종이를 사용했대. 그렇다면 지금은 얼마나 될까? 늘었을까, 줄었을까? 1년 동안 한 사람이 쓰는 종이 양이 무려 191킬로그램이 넘는대.

물론 옛날에는 종이를 많이 사용 안 했다기보다, 종이 자체가 귀했기 때문에 사용량이 적은 거라고 봐야 해. 실제 1980년대만 하더라도 화장실에 뽀얀 화장지가 걸려 있는 집이 드물었어. 신문지나 다 읽은 책 등을 지금의 화장지 삼아 쓰는 게 전혀 이상한 일이 아니었지. 하지만 지금은 어떠니? 화장실에서 화장지는 기본이고 손 씻고 닦는 핸드 타월도 종이잖아. 종이컵이나 배달 음식 포장 용기 같은 수많은 일회용 제품이나 영수증에 이르기까지 움직이는 장소마다 종이 제품을 이용하고 있지. 기술과 산업이 발달하면서 종이 생산량도 늘고 가격도 많이 싸졌기 때문이야.

귀하지 않으니 절약하지 않는 것도 사실이야. 복사용지를 예로 들어 볼까? 한국에서 1년에 쓰는 복사용지는 약 30만 톤. A4용지로 계산해 보면, 하루에만 5만 4000 상자씩 쓰는 셈이래.

여기서 잠깐! 종이를 어마어마하게 많이 쓴다는 것에 벌써 놀라서는 안 돼. 쓰는 만큼 버려지는 종이도 엄청나니까. 하루 동안 사용한 복사용지의 절반 정도가 그날 바로 버려진대. 또 쓰레기의 30~40퍼센트가 종이라고 하지. 너희 집만 하더라도 분리수거 한 지 사나흘 만에 택배 상자를 포함한 종이 쓰레기가 한 번에 들기 힘들 정도로 많이 쌓이잖아. 정말이지 어느 날 갑자기 종이가 사라진다면 과연 생활이 가능할까 싶을 정도로 말이야.

그러고 보니 정말 종이가 없던 시절에는 어떻게 살았을까 궁금해지네. 그리고 이렇게 위대한 발명품 종이는 어떻게 탄생했을까? 이참에 제대로 한번 알아봐야겠어.

재해 현장에 세워진 종이 집

바람 불면 휙 날아가고, 물에 젖으면 흐물흐물 약해지는 종이로 어떻게 집을 지을까 싶지? 그것도 사람이 실제 생활할 수 있는 집을 말이야. 공상 과학 영화 이야기가 아니라 너희들이 살고 있는 지구 한편에서 실제 종이로 집이 세워지고 있어.

그런데 곰곰 생각해 보면, 종이로 집을 짓는다는 게 아주 불가능한 일 같아 보이진 않을 거야. 종이 한 장은 쉽게 찢어지지만 여러 장을 겹치면 찢기 어려울 뿐만 아니라 무게와 부피도 덩달아 커진다는 것쯤은 너희도 이미 알고 있잖아? 게다가 반드시 재료가 단단해야 건축물이 튼튼하다고도 할 수 없어. 실제 지진이 났을 때 보니, 아주 강한 철근 콘크리트로 지은 건물은 무너졌는데 되레 목재 건물은 그에 비해 피해가 적더라는 거야. 나무로 지은 건물의 무게가 가벼워서 오히려 충격을 덜 흡수할 수 있었던 거래.

1995년 일본 고베에서 큰 지진이 있었는데, 6000명이 넘는 사람이 목숨을 잃고 11만 채에 달하는 건물이 무너지거나 불에 타 버렸다고 해. 하루아침에 집을 잃은 사람들은 공원에 마련된 천막에서 생활해야 했어. 비가 오면 바닥에 물이 차오르고 해가 나면 실내 온도가 40도까지 오르는 천막에서 지내는 건 또 다른 고통이었지. 이런 안타까운 상황을 어떻게든 조금 나은 상황으로 만들어 보겠다고 나선 사람이 있었어. 바로 건축가 반 시게루. 그가 다름 아닌 '종이' 집을 설계했어.

임시로 짓는 집이다 보니 값이 저렴하면서 조립과 분해가 쉬운 재료를 찾아야 했는데, 종이 튜브 아이디어가 떠올랐대. 종이 튜브는 두루마리 휴지 심처럼 종이를 나선 모양으로 감아 만든 원형 기둥을 말해. 종이가 여러 겹으로 포개지면 단단해진다는 점과 방수 처리를 하면 물에 젖어 약해지는 것을 해결할 수 있다는 점을 활용해서 내놓은 아이디어였어.

반 시게루는 맥주 회사로부터 협찬받은 플라스틱 맥주 상자에 모래주머니를 채워 집을 받치는 지지대로 삼고, 그 위에 종이 튜브를 연결해 벽을 세우고, 천을 활용해 천장을 얹은 집을 완성했어. 누구라도 지을 수 있을 만큼 간단한 설계였지만, 사람들이 생활하는 데는 전혀 문제가 없었지.

이후 반 시게루의 종이 집은, 2011년 동일본 지진을 비롯해 르완다, 터키, 스리랑카, 중국, 아이티 등 전쟁과 자연재해로 삶의 터전을 잃거나 난민이 되어 떠돌아다녀야 하는 사람들을 위해 여러 형태로 활용되었어. 종이의 무한 변신, 과연 어디까지 가능할지 궁금하지 않니?

고베 지진(좌)과 동일본 대지진(우) 때 종이 튜브와 천을 활용해 만들어졌던 반 시게루의 임시 거처 설계는 재난이 발생한 지역에서 널리 활용하고 있대.

인류의 지식과 지혜를 담는 그릇

알타미라 동굴 벽화와 함무라비 법전이 하는 말

모든 발명품은 '필요'에 의해 탄생한다고 할 수 있어. 그렇다면 종이는 어떤 필요를 충족시키기 위한 거였을까? 일단 확실한 건 나 같은 택배 상자가 필요했던 것 같진 않아. 그 옛날에는 '택배' 서비스 자체가 없었을 테니까.

이런 그림 본 적 있니? 전 세계적으로 유명한 스페인 알타미라 동굴 벽화야. 구석기 시대 인류가 남긴 최고의 예술 작품이라는 평가를 받고 있지.

당시 인류는 어둠이 내리면 동굴로 모여들어, 동굴 중앙에 불을 지피고 그 주변에 둘러앉아 낮 동안 채집한 열매와 잡은 물고기를 나눠 먹거나 돌을 깨트려 날카로운 사냥 도구를 만들다 잠들었을 거야. 눈과 비를 피하거나 멧돼지 같은 짐승의 공격으로부터 몸을 숨길 때도 동굴을 찾았을 테지. 농사를 지으면서 한곳에 머물러 살기 전 이동 생활을 했던 인류에겐 동굴이 최고의 집이었으니까.

그런데 바로 그런 집 벽에 이런 그림을 남긴 거야. 왜? 고고학자들은 벽화에 들소나 사슴 같은 동물 형태가 자주 등장하는 것을 사냥이 잘되길 기원하는 마음을 표현한 거라고 해석해. 당시에는 그기를 얻고 가죽이나 털로 옷을 지어 입으려면 사냥을 해야만 했잖아. 그런데 변변한 사냥 도구가 없던 시절이니 사냥을 한다는 것은 목숨을 걸어야 할 정도로 아주 위험한 일이었어. 그러니 초자연적인 신비한 힘을 빌려야 했겠지. 잡고 싶은 동물을 벽화로 남겨 보관하면서 마치 주문을 외우듯 빌면 그 동물을 잡을 수 있다고 믿었던 거야. 자신들의 간절한 바람을 그림으로 표현하고 기록한 거지.

이처럼 기록은 머릿속에서 일어나거나 저장되어 있는 보이지 않는 무언가를 문자나 그림처럼 도구를 이용해 드러내는 작업이자 결과물이라고 할 수 있어. 생각, 소원, 감정, 사건, 약속, 지식 등을 기억하고 저장하기 위한 활동인 거지. 종이는 바로 이렇게 기록하고자 하는 인류의 필요에 의해 태어났어. 기록을 담는 최고의 그릇을 찾는 시도 끝에 완성된 거야.

지금과 같은 종이가 어느 날 갑자기 하늘에서 뚝 떨어졌을 리 없잖아. 알타미라 동굴 벽화를 보고 짐작할 수 있듯 종이가 등장하기 전에는 주변에서 쉽게 구할 수 있는 자연을 기록에 이용했어. 문자가 생기고 기록할 것이 더 많아지자 그 종류도 다양해졌지.

우선 인류 최초의 문자라고 하는 쐐기 문자를 발명한 수메르인은 점토판을 만들어 썼어. 수메르는 티그리스강과 유프라테스강이 흐르는 바빌로니아(메소포타미아) 남부 지역으로 세계 4대 문명 가운데 메소포타미아 문명을 꽃피웠어. 수메르인은 어디에서나 구할 수 있는 점토를 이겨서 사각형으로 만들고, 젖은 상태일 때 그 위에 갈대 줄기 등으로 글을 써서 햇볕에 말려 보관했지.

단단해 보이는 이 거대한 비석은 고대 바빌로니아의 함무라비 법전이야. 바빌로니아의 함무라비 황제가 주변 국가들을 정복한 후 통치하기 위해 법을 제정하고 이렇게 커다란 비석에 문자로 기록해서 국민에게 알림으로써 효력을 발생시킨 거야.

'법전'이라고 하면 으레 두툼한 책이 떠오를 테지? 하지만 이 법전이 만들어진 기원전 1750년경에는 종이가 없었어. 후세까지 법의 내용을 훼손하지 않고 그대로 전달하고자 할 때 단단한 돌에 새기는 것만큼 좋은 방법이 없었을 거야. 덕분에 3800년 가까이 지난 오늘날에도 당시의 법을 알 수 있고, 법을 바탕으로 그 시대의 생활상 등을 엿볼 수 있지.

　상형 문자를 사용하던 고대 이집트 사람들도 주로 신전 기둥이나 벽, 태양신을 상징하는 오벨리스크에 글을 새겨 넣었어. 그리고 단단한 돌에 새기는 것보다 좀 더 쉽고 간편한 기록 방법을 찾았는데, 바로 나일강 주변에 많이 자라던 파피루스를 이용하는 거였어. 파피투스 줄기를 얇게 펴서 가로세로 엮어 무거운 돌로 눌러 엉겨 붙게 한 다음 말리면 이집트의 종이 '파피루스'가 되었지. 파피루스에는 이집트의 역사, 의학, 수학 등을 기록했어. 그리고 파라오가 죽으면 사후 세계 안내서라고 할 수 있는 『사자의 서』를 기록해 미라와 함께 피라미드에 묻었다고 해.

고대 중국에서는 거북의 배딱지나 소뼈와 같은 짐승 뼈에 글자를 새겼어. 이 글자를 거북 배딱지를 가리키는 한자 갑(甲)과 뼈를 의미하는 한자 골(骨)을 합쳐 '갑골 문자'라고도 하는데, 가장 오래된 한자의 형태라고 하지. 주로 점을 치고 그 결과를 새겨 넣은 거라고 해.

또 이집트 사람들처럼 식물을 이용하기도 했어. 단단한 대나무를 여러 개로 쪼개 끈으로 엮어 만든 '죽간'을 종이를 발명하기 전까지 가장 많이 사용했지. 그리고 누에고치에서 뽑은 실로 짠 비단은 표면이 매끈거려서 고급 옷감뿐만 아니라 글이나 그림을 남기거나 수를 놓는 재료로도 쓰였어.

반면 유럽에서는 양이나 송아지, 염소 가죽을 펴서 말린 양피지를 주로 썼다고 해. 부드럽고 유연한 양피지는 바느질을 해서 묶으면 파피루스 두루마리보다 읽기 편한 책이 되었기 때문에, 종이가 공장에서 대량으로 생산되기 전까지 유럽에서 최고의 인기를 누렸대.

　돌, 점토판, 파피루스, 거북 배딱지나 짐승의 뼈, 죽간, 비단, 양피지……. 재료와 형태는 달라도 모두 기록하고자 하는 사람들의 필요에 의해 탄생한 것만은 분명해. 하지만 무엇이든지 사용하다 보면 또 다른 불편을 느낄 수밖에 없잖아. 어떤 점이 불편했을지 충분히 예상되지 않니?

드디어 종이가 나타났다!

이러한 불편함을 극복하면서 등장한 것이 바로 종이야. 오늘날 우리가 사용하는 종이는 1세기경, 주로 죽간이나 비단에 문자를 기록하던 시대에 중국 한나라의 채륜이 발명한 것으로 전해져. 그는 황실에서 필요한 물품을 제작하고 관리하는 책임자였어. 학문이 깊어서 평소 글을 많이 읽었고, 물건 만들기에 재능이 있었대. 그러다 보니 죽간에 글을 쓰거나 읽을 때, 죽간을 보관하거나 가지고 다닐 때의 불편함을 누구보다 잘 알고 있었고, 직접 그 불편함을 해결하고자 한 거지.

채륜이 살던 시절의 책은 죽간을 돌돌 만 형태라고 보면 돼. 그래, 어찌 보면 죽간은 김밥 말 때 쓰는 발 같아 보이기도 하지? 아무튼 다섯 수레에 가득하다고 하면 책이 엄청 많구나 하고 감탄할 수도 있을 거야. 그런데 돌돌 만 죽간 한 권을 지금의 종이 책 한 권처럼 보면 안 돼. 왜냐하면 죽간은 두꺼운 대나무 조각을 엮어 만든 거라서 부피가 많이 나갔다고 했잖아. 조각을 너무 많이 엮으면 돌돌 말기도 힘들고 부피도 커지니 마냥 크게 만들

수 없었어. 요즘이라면 보통 두께의 책 한 권에 담길 내용도 죽간 여러 개에 나눠서 기록하다 보니 수레 여러 대로 옮길 정도로 많아질 수밖에.

채륜이 만든 종이는 이전까지 쓰던 죽간에 비하면 입이 떡 벌어질 정도로 편리했어. 일단 얇고 가벼워서 차곡차곡 쌓아도 큰 공간을 차지하지 않았고, 크게 무겁지 않아 옮기는 것도 수월했어. 게다가 채륜의 종이는 먹을 잘 흡수했기 때문에 글씨를 빠르고 쉽게 써 내려갈 수 있었지. 또 떨어뜨린다 해도 죽간에 비하면 부서지거나 망가질 염려가 적었어.

사실 채륜이 이렇게 종이를 만들기 전에 중국에서 종이가 없었던 건 아니야. 다만 포장 용도로 사용할 뿐 글쓰기에 적합한 종이는 없었어. 그런데 채륜이 글을 쓸 수 있는 품질을 갖췄을 뿐만 아니라, 죽간의 불편함을 해결한 엄청난 발명품을 내놓은 거야.

인류 최초의 종이가 채륜의 종이가 아니라 이집트의 파피루스라고 하는 사람들도 있어. 지금의 종이와 아주 비슷한 모양을 하고 있다는 이유로 말이야. 종이를 뜻하는 영어 '페이퍼(paper)'도 다름 아닌 '파피루스(papyrus)'에서 왔다고 하지.

　하지만 많은 학자들은 채륜의 종이를 최초의 종이로 인정해. 일부 지역에서만 사용했던 파피루스와 달리 채륜의 종이 만드는 기술은 세계로 퍼져 나가 영향을 끼쳤거든. 지금도 세부 제작 과정은 나라마다 조금씩 달라도, 기본 원리는 채륜이 고안한 제지술을 따르고 있어.

　그렇다면 세계 곳곳으로 제지술이 퍼진 건 언제일까? 8세기경, 서아시아에서는 이슬람 제국 아바스 왕조가, 동아시아에서는 당나라가 각각 세력을

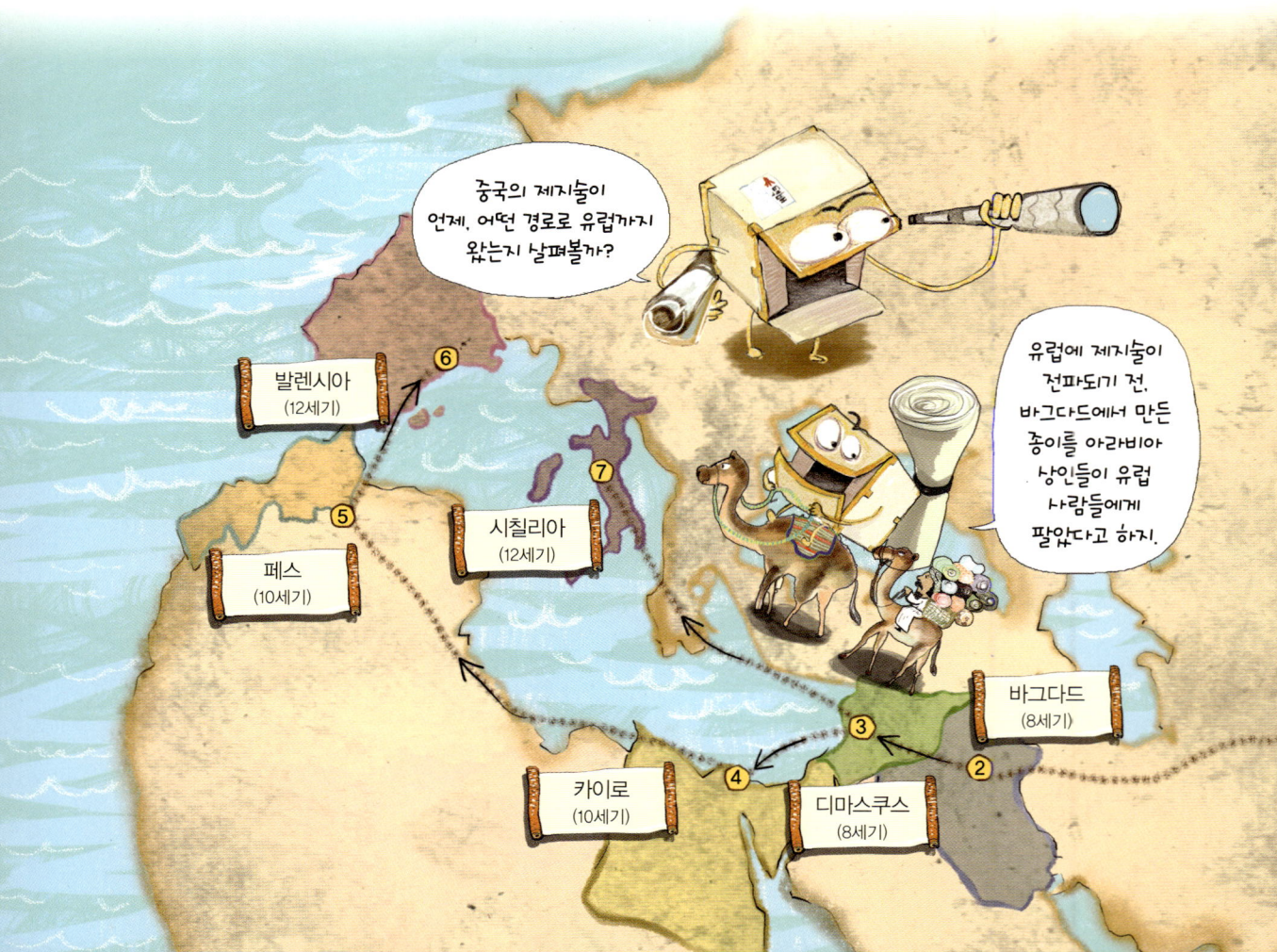

떨치고 있었어. 당나라 서쪽 지역에 있던 중앙아시아, 서아시아, 인도 등을 통틀어 서역이라고 했는데, 힘이 세진 당나라가 서역으로 통하는 길목을 차지하자 이곳을 오가던 이슬람 제국과 자주 충돌이 일어났어. 결국 751년, 탈라스 강가에서 이슬람 제국과 당나라 간에 전투가 벌어지지.

탈라스 전투로 알려진 이 전쟁의 승자는 이슬람 제국! 그런데 이때 이슬람 군대가 잡아간 당나라 포로 중에는 제지 기술자가 있었다고 해. 그를 통해 이슬람 세계에 제지술이 전해졌고, 이슬람 세력이 정복하는 세계 곳곳으로 퍼져 나갔어.

유럽에는 12세기에 이르러서야 제지술이 전해졌어. 이전 유럽에서는 주로 양피지에 글을 썼는데, 너무 귀하고 비싸서 일부 귀족들만 사용할 수 있었지.

기록 위에 세워진 역사

자, 잠깐 그림 한 편 감상하고 갈까? 이 그림으로 말할 것 같으면, 1688년에 치른 인조의 왕비 장렬왕후의 장례식을 담은 것으로 『장렬왕후 국장도감의궤』에 수록되어 있어. 책 이름 한번 길다 싶지? '국장'은 왕실에서 치르는 장례를 말하고, 의궤는 장례를 포함해 국가나 왕실의 중요한 행사를 자세히 기록한 책을 말해. 이 그림처럼 행렬을 눈앞에 보이듯 나타낸 그림을 '반차도'라고 하는데, 의궤에는 반차도를 포함해 행사 담당자와 동원된 사람들의 명단, 사용된 물품, 경비 내역 등 행사와 관련된 모든 것이 시시콜콜할 정도로 정리돼 있어.

『장렬왕후 국장도감 의궤』 반차도는 26쪽에 걸쳐 그려졌는데, 장례 행렬의 여러 가지 모습을 볼 수 있어. 장렬왕후의 관을 실은 상여부터 상여를 들어 옮기는 상여꾼, 행렬 주위를 호위하는 군대, 상여 앞뒤로 포진한 관료와 상궁, 관을 실은 상여를 가리기 위해 장막을 들고 있는 사람 등 장례에서 맡은 역할과 신분에 따라 행렬 어느 위치에 몇 명이나 서야 하는지 한눈에 파악할 수 있게 그려 놓았지. 게다가 역할에 따른 옷 색깔이나 모양은 물론이고 상여의 모양, 깃발 같은 행사의 장신구까지도 자세히 묘사하고 있어서 마치 현장을 생중계로 보는 듯해. 이것이 바로 의궤를 기록한 목적이야. 예를 중시했던 조선 시대였던 만큼 왕실의 예법이 후대에 고스란히 전달되어 그대로 보존되길 바랐던 거야.

그런데 이렇게 감탄이 절로 나오는 역사서인『의궤』가 한때 뿌연 먼지를 뒤집어쓴 채, 그것도 다른 나라 땅에 방치되었단 사실을 알고 있니? 조선 시대 궁궐에는 왕실 도서관이자 학술과 정책을 연구하는 기관으로 규장각을 두었고, 강화도에는 규장각의 부속 도서관이라고 할 수 있는 외규장각을 설치해 왕실 관련 서적을 나눠서 보관했어. 그런데 1866년, 흥선 대원군의 천주교 탄압을 구실 삼아 프랑스 함대가 강화도를 침략하면서 병인양요가 일어났을 때, 프랑스군이 외규장각의『의궤』를 비롯해 여러 권의 책들을 프랑스로 가지고 간 거야.

이 책들은 오랫동안 프랑스 국립 도서관 지하 창고에 방치되었다가, 도서관 사서로 일하던 한국인에게 발견되었어. 그리고 오랜 시간『의궤』를 되찾자는 여러 사람들의 노력 끝에 2011년이 되어서야 영구 대여의 형태로 다시 한국 땅을 밟았지. 덕분에 지금은 박물관이나 인터넷을 통해 언제든지 찾아볼 수 있고, 조선 시대에 있었던 장례나 혼례 같은 큰 행사들이 어떻게 진행되었는지 간접 체험할 수 있게 되었어.

한국은 '기록의 나라'라고 해도 지나치지 않을 정도로 훌륭한 역사 기록물을 많이 보유하고 있어.『조선왕조실록』이라고 알지? 조선을 건국한 태조 이성계부터 철종에 이르는 472년의 역사를 연월일 순서대로 기록한 책이지.『조선왕조실록』은 888권에 이를 정도로 내용이 풍부해.

『조선왕조실록』이 나라 전반의 일을 기록한 역사서라면,『승정원일기』는 조선 시대 왕의 지극히 개인적인 일을 엿볼 수 있는 책이야. 승정원은 오늘날의 대통령 비서실과 같은데, 왕의 곁을 한시도 떠나지 않고 왕의 일거수일투족을 상세히 써 내려갔지. 안타깝게도『승정원일기』는 임진왜란 등으로 불타 버리고 일부만 남게 되었어. 그런데도 총 3245권에 글자 수는 2억 3000만 자에 달한대. 세계에게 분량이 가장 많은 역사서로 평가받고 있지.

특별히『조선왕조실록』,『승정원일기』를 비롯해『훈민정음해례본』,『동의보감』은 모두 유네스코가 선정하는 세계기록유산 목록에 이름을 올렸어. 명실공히 인류 모두의 기록 유산으로 보존해서 미래 세대에게 물려줄 만한 가치가 있음을 인정받은 거지. 종이라는 그릇이 현재의 시간을 담아 미래의 누군가에게 과거를 고스란히 전달하고 있는 거란 말씀!

종이 위에 맺은 약속

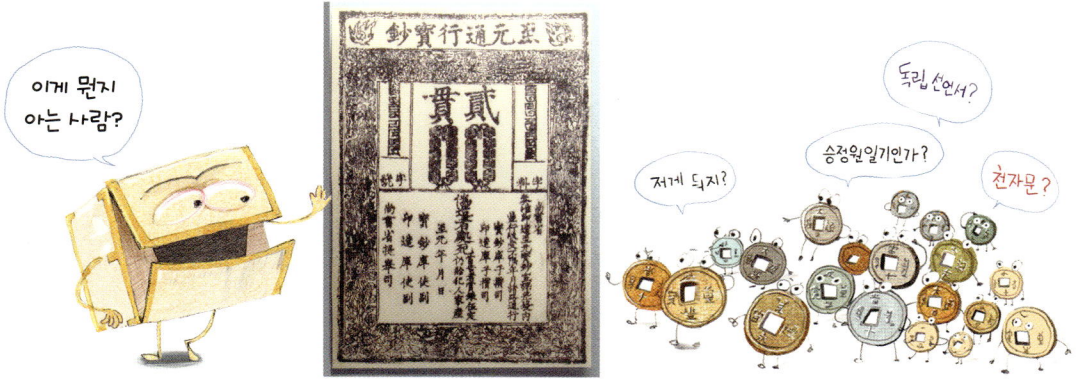

이 종이가 무엇인가 하니, 보통 종이가 아니야. 이건 바로 중국 원나라의 지폐 '지원통행보초'야. A4용지와 거의 비슷한 크기니까 오늘날의 지폐에 비하면 굉장히 크지? 지폐는 10세기경 중국 송나라에서 '교자' 혹은 '관자'라는 이름으로 처음 등장했다고 해.

사실 중국의 지폐는 처음에는 나라에서 발행하고 관리하는 정식 화폐가 아니었어. 화폐라기보다 일종의 증명서였지.

경제 활동이 활발했던 송나라에서는 철로 만든 화폐, 철전을 주로 사용했어. 그런데 철전은 모이면 무게도 많이 나가고 부피도 커서 가지고 다니려면 이만저만 불편한 게 아니었지. 물건 몇 개만 사려 해도 철전을 수레에 잔뜩 쌓아 끌고 다녀야 할 정도였으니까. 그래서 상인들이 철전을 맡기면, 그에 맞게 증명서를 발행해 주는 조합을 만든 거야. 요즘으로 말하면 100원짜리 동전 100개를 주고 만 원짜리 지폐 한 장을 받는 것과 크게 다르지 않지. 이렇게 발급받은 증명서가 시장에서 널리 사용되자 나중에는 나라에서 관리하게 된 거야.

유럽에서 지폐가 등장한 것도 이와 크게 다르지 않아. 유럽에서 상업과 무역이 가장 발달했던 중세 이탈리아 사람들은 금을 화폐로 이용했어. 그런데 금 또한 몸에 지니고 다니기엔 무겁기도 하고 잃어버리기도 쉽잖아. 그래서 금 보관소에 금을 맡기면 보관증을 발행해 주었어. 이 보관증은 보관소에 맡긴 금의 가치를 증명해 주었기 때문에 물건을 사거나 팔 때 화폐처럼 사용할 수 있었지. 금 보관증은 점차 오늘날의 지폐 형태를 갖추게 되었어.

돈 이야기가 나와서 말인데, 곰곰 생각해 보면 정말 신기하지 않니? 지폐는 한낱 종잇조각에 불과한데 어떻게 원하는 것을 살 수 있는 큰 힘을 지니게 된 건지 말이야. 그건 너무나 당연하게도 지폐라는 종이에, 지폐를 사용하는 사람들끼리의 '약속'을 담았기 때문에 가능한 거지. 지폐의 유래가 '증명서'에서 시작한다는 것만 보아도, 종이가 눈에 보이지 않는 신뢰를 담기에 여러모로 유용한 도구 가운데 하나임을 부인할 수 없을 거야.

너희도 약속을 해 봐서 알 거야. 약속을 말로만 하면, 시간이 흐르면서 내용이 머릿속에서 변질되거나 왜곡이 일어나거나 심지어 약속 자체가 사라질 수도 있다는 걸 말이야. 맞아. 약속한 사람들끼리의 기억이 달라서 싸움이 일어나기도 하지. 그래서 중요한 약속일수록, 사람들은 약속의 내용을 종이에 기록하고 서명까지 해서 나눠서 보관해.

개인과 개인, 개인과 기업, 기업과 기업 사이에서 서로 지켜야 할 의무를 명확히 할 때도 계약서를 작성하잖아. 헌법이나 각종 법규 등도 대표적인 사회적 약속이고 계약이라고 할 수 있지. 특별히 나라와 나라가 맺는 중요한 조약이나 협약 등은 조약서나 협약서에 서명하는 것을 많은 사람들에게 공개하고 발표하기도 하지. 한국사나 세계사를 보더라도 국가 간의 영토 전쟁이나 무역 갈등은 물론이고 기후, 기아, 난민, 환경, 의료, 인권 등 여러 가지 문제를 놓고 조약, 협약, 계약, 선언 등이 이뤄졌고 지금도 이뤄지고 있어. 지폐에 어떤 숫자가 인쇄되느냐에 따라 값어치가 달라지듯, 결국 종이는 어떤 내용의 약속을 담느냐가 중요하다는 것을 새삼 느끼게 되지 않니?

2015년 프랑스 파리에서 지구 온난화의 주범인 온실가스를 줄이자고 195개국의 대표가 약속하고, 협정서에 서명을 했어. 이를 파리 기후 변화 협약(파리 협정)이라고 하지.

다 빈치와 에디슨의 특별한 노트

 그럼, 잠시 쉬어 갈까? 나는 15세기 이탈리아 르네상스 시대를 대표하는 화가이자 조각가 레오나르도 다 빈치라고 해. 프랑스 루브르 박물관을 찾는 관람객들이 가장 좋아하는 작품 가운데 하나, 그 유명한 〈모나리자〉를 그린 사람이 바로 나야, 나. 자랑 같아 조금 부끄럽기는 하지만, 시대를 아주 많이 앞서 등장한 융합형 인재가 바로 내가 아닐까 싶어. 예술 분야뿐만 아니라, 건축, 수학, 과학, 의학 등 여러 방면에서 뛰어난 능력을 발휘했거든. 내 머릿속은 언제나 반짝반짝한 생각들로 가득했는데, 종이는 이런 생각을 쏟아 내는 데 참 좋은 그릇이었어. 생각이라는 것이 기록해서 남기지 않으면 잊어버리기 쉽잖아. 그래서 난 아이디어가 떠오를 때마다 그림과 글로 남겼어. 해부를 해서 관찰한 인체 구조를 상세히 옮긴 그림, 새처럼 하늘을 날고 싶은 마음으로 고안한 오니숍터, 무거운 물건을 들어 올릴 수 있는 장치 등등 셀 수 없을 만큼 많은 창의적인 아이디어가 6000장 분량의 노트 속에 고스란히 담겨 오늘날까지 전해지고 있지. 지금, 6000장이나 된다고 놀

라는 거야? 이건 새 발의 피에 불과해. 내가 평생 쓰고 그린 것의 20퍼센트도 안 되는 양이거든.

이러한 것들이 나의 천재성이 입증하는 증거가 된다니 기분 좋은 일인 것만은 분명해. 그런데 사실 난 후손들이 나의 작품과 메모, 그리고 많은 기록을 바탕으로 내가 못다 이룬 꿈을 대신 이뤄 주기도 하고 나의 연구를 이어서 해 준 것이 더욱 감격스러워.

낙하산을 예로 들어 볼까? 내가 남긴 스케치에서 영감을 받아서 16세기 베네치아 공화국에서 낙하산이 만들어져. 그리고 이 낙하산의 원리를 발전시키고 응용해서 1783년 프랑스에서는 열기구가 발명되고 드디어 사람이 하늘에 뜨는 데 성공하지. 그사이 1754년 러시아에서는 나의 오니숍터 스케치를 바탕으로 헬리콥터 모형을 만들고, 이것을 점점 더 발전시켜 1870년 프랑스에서는 비행기 모형을 만들어 내지. 그리고 마침내 1903년, 미국의 라이트 형제가 사람이 탈 수 있는 비행기를 발명하는 데 성공해. 비행기가 어느 날 갑자기 천재 한 명의 머릿속에서 탄생한 게 아니란 거야.

나를 뛰어넘는 또 한 명의 메모광이 있는데, 바로 '발명왕' 토머스 에디슨. 에디슨도 나처럼 소소한 아이디어를 비롯해 실험 준비에서 결과에 이르는 모든 걸 낙서하듯 기록하는 걸 좋아했대. 그가 남긴 노트의 양이 무려 500만 쪽이 넘는다지? 그는 항상 손에 종이와 연필을 들고 다녔대. 기록할 게 얼마나 많았던지 직원을 채용해 연구실에서 진행하는 모든 작업을 매일매일 기록하는 일을 맡겼을 정도야. 백열전구, 축음기, 촬영기 등 평생 걸쳐 내놓은 1000개가 넘는 특허와 발명품이 이러한 메모와 기록의 열매라고 해도 지나치지 않을 거야.

토머스 에디슨

〈모나리자〉만큼 큰 사랑을 받는 나의 작품 〈최후의 만찬〉을 알고 있을 거야. 예수와 열두 제자의 마지막 식사 장면을 그린 것으로, 이탈리아 밀라노의 한 성당 벽화로 감상할 수 있어. 전체적인 화면 구도, 인물 한 명 한 명의 자리와 시선에 따라 달라지는 얼굴과 몸의 각도, 표정 등 수학적으로도 분석하고 이야기할 거리가 많은 작품으로 평가받고 있지. 그런데 이 작품이 완성되기까지 얼마나 많이 그리고 고치고 지우기를 반복했는지 몰라.

나만 그랬을까? 전 세계적으로 손꼽히는 예술 작품은 물론이고 건축물 또한 오랜 시간 수정과 보완을 거쳐 완성한 정밀하고 세밀한 설계도 없인

탄생할 수 없었을 거야. 눈으로 볼 수 없는 음악? 음악 또한 음표와 악상 기호로 채워진 악보가 남아 있어 21세기에도 18세기의 베토벤이나 모차르트 음악을 연주하고 감상할 수 있는 거 아니겠니?

 이렇게 너희가 누리고 있는 모든 문명은 인류의 지식과 지혜가 축적되고 전달되면서 발달하고, 변신과 변화를 거듭한 거야. '종이'는 이러한 지식과 지혜를 차곡차곡 담아 저장하고 보관하는 좋은 그릇으로 널리 이용된 거고 말이지. 그리고 이렇게 소중한 지식과 지혜를 시간과 공간을 초월해 전달하고 확산시키는 데 가장 큰 활약을 한 건 단연 책이라고 할 수 있을 거야. 사실 '종이' 하면 '책'이 제일 먼저 떠오르잖아? 종이와 떼려야 뗄 수 없는 책의 활약상을 확인해 봐야겠어.

생각을 ★ 더더더

세상에서 가장 튼튼한 종이, 한지

한지는 살아 숨 쉬는 종이

 나, 다 빈치의 노트가 얼마나 가치가 있는지는 다들 알고 있겠지? 세계적인 부자 빌 게이츠가 내 노트의 일부를 350억 원에 구입했을 정도지.
 그런데 나는 오늘 내 노트보다 훨씬 더 대단한 기록물을 하나 소개하려고 해. 바로 부처님처럼 깨달음을 얻고자 하는 마음을 나무판에 새겨서 찍어 낸 『무구 정광 대다라니경』. 무슨 이름이 그렇게 기냐고? 이름만 긴 게 아니야. 총 열두 장의 종이를 이어 붙여서 두루마리 모양의 책으로 만든 이 목판 인쇄물은 길이가 620센티미터나 돼. 더 놀라운 건 만들어진 지 1000년도 훨씬 넘었다는 거야. 이 경전은 1996년 경주 불국사에 있는 석가탑을 수리하는 과정에서 발견되었어. 석가탑이 751년 통일 신라 시대에 세워졌으니, 경전도 그 무렵에 인쇄된 것으로 보고 있어. 이 때문에 『무구 정광 대다라니경』은 세계에서 가장 오래된 목판 인쇄물로 평가받고 있지.

종이가 어떻게 1000년이 넘도록 보존될 수 있을까? 요즘 생산하는 종이도 수명이 길어야 200년 정도라고 하는데 말이야. 이 경전을 인쇄한 종이가 다름 아닌 '한지'라고 하더라.

　중국의 종이 만드는 기술은 한반도 땅에도 전해졌지만, 한국인의 조상은 그대로 받아들이지 않고 환경에 더 적합한 재료를 선택하고 그 재료에 맞는 제조 방법을 발전시켜서 자신들만의 고유한 종이 '한지'를 탄생시켰다고 해.

　한지는 세계에서 가장 질긴 종이로 인정받고 있어. 얼마나 질겼으면 조선 시대에는 한지로 갑옷을 만들 정도였대. 한지를 여러 장 겹친 후 옻칠을 더하면 화살도 뚫지 못할 만큼 단단한 상태가 되었다는 거야.

　한지는 '살아 숨 쉬는 종이'라고도 불려. 빛과 열, 바람과 습기를 잘 조절하기 때문이래. 특히 한지는 습도 조절 능력이 탁월하대. 주변의 습도가 올라가면 습기를 빨아들이고 건조해지면 품고 있던 습기를 내뿜으면서 적절한 상태를 유지한다는 거야. 또 한지는 보온성도 뛰어나서, 옛날 사람들은 헌책이나 과거 시험 답안지를 찢어서 솜 대신 옷에 넣어 누벼 입을 정도였대.

한지는 '창호지'라고도 불리는데, 한국의 전통 건물에서는 창호지를 바른 창문과 방문을 볼 수 있다. 한지는 열과 빛을 잘 통과시키면서도 쉽게 빠져나가지 않게 한다.

전 세계가 한지의 우수성 주목!

무엇보다 한지의 가장 뛰어난 점은 『무구 정광 대다라니경』으로 확인했듯이, 수명이 길다는 거야. 긴 수명의 비결은 한지의 재료 닥나무 껍질에 있어. 일단 닥나무 껍질에서 뽑아낸 섬유는 다른 나무의 섬유보다 훨씬 길어. 요즘 종이의 재료가 되는 침엽수나 활엽수의 섬유 길이가 1~3밀리미터 정도에 불과한데, 닥나무의 경우에는 10밀리미터나 된다는군. 여기에 긴 섬유를 서로 촘촘하게 엇갈리게 결합시키는 한국의 전통적인 제지 기법이 더해져서 다른 종이에 비해 질길 수 있는 거래.

게다가 한지는 색도 잘 변하지 않아. 보통 종이는 시간이 지나면서 색이 바래. 도서관에서 테두리가 누런빛을 띠는 오래된 책을 본 적 있을 거야. 이렇게 종이 색이 변하는 건, 종이를 만들 때 들어가는 화학 약품이 산성을 띠기 때문이야. 산성 물질이 공기에 오랫동안 노출되면 변색이 일어나고, 마치 부식하듯 조직이 약해지면서 바스러지기까지 해.

반면 한지에는 이런 화학 약품이 들어가지 않아. 닥나무 껍질을 잿물에 삶는 단계가 있는데, 잿물이 알칼리성이라 자연스레 닥나무 섬유도 알칼리성을 띠게 돼. 그런데 닥나무 섬유를 찧고 펴서 햇빛에 말리면서 완성 상태에 이르면 한지는 중성 상태가 된다고 해. 그래서 햇빛과 습도의 공격에 쉽게 색이 변하거나 약해지지 않는 거야. 물론 한지가 갖고 있는 습도와 열 조절 능력도 긴 수명의 이유가 될 수 있겠지.

　한지의 우수성은 이미 전 세계에 널리 알려졌어. 최근엔 문화재를 복원할 때 중요한 재료로 큰 주목을 받고 있지. 오래된 고서의 훼손 부분을 채우거나 이을 때 한지를 덧바르는가 하면, 가구의 갈라진 틈을 감쪽같이 메울 때도 한지의 도움을 받는다고 해. 세계에서도 한지의 특성에 주목해 나 다 빈치의 작품을 복원하는 데도 한지를 선택하고, 프랑스 루브르 박물관에서 소장하고 있는 막시밀리안 2세의 책상 복원에도 한지를 활용했어. 정말 대단하지?

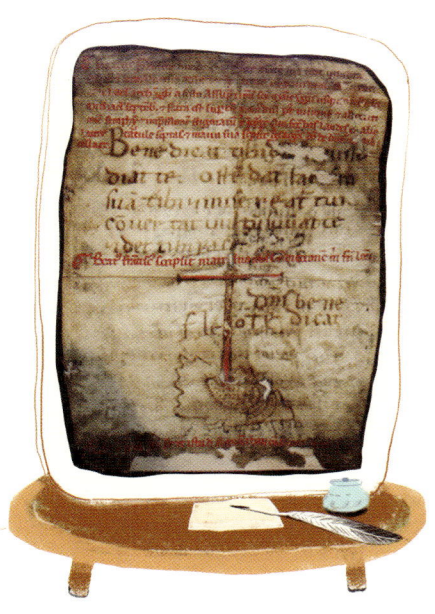

13세기 성 프란체스코의 친필 기도문도 한지를 이용해 복원했지.

시간과 공간을 초월하는 전달자

누구나 읽을 수 없는 책

이곳은 7세기 유럽, 어느 수도원의 사본 제작소. 수도사가 성경을 필사하는 공간이지. 필사가 뭐냐고? 책이나 문서를 그대로 베껴 쓰는 거야. 당시 성경을 필사하는 일은 수도사의 정말 중요한 일 가운데 하나였어. 수도사뿐만 아니라 일반인 가운데도 필사를 전문적으로 하는 사람이 있었는데, 이들을 필경사라고 불렀어. 15세기 전, 유럽의 책 대부분은 필경사의 손에서 만들어졌어. 같은 내용을 무한대로 찍어 낼 수 있는 인쇄술이 자리 잡을 때까지는 어쩔 수 없었지. 지금처럼 화면에 원하는 문서를 갖다 대고 버튼 한 번 누르면 바로 똑같은 문서를 뱉어 내는 복사기 같은 기계는 더더욱 없었으니 사람이 직접 옮겨 적을 수밖에. 베껴 쓰는 게 뭘 그리 어려울까도 싶다고? 당시의 필경사가 쓴 책을 본다면 절대 그런 말을 할 수 없을걸? 글씨를 흘려 쓰지 않는 것은 기본이고 한 글자 한 글자를 동일한 크기와 굵기로 얼마나 정교하게 썼는지 인쇄한 거라고 해도 믿을 정도거든. 그러니 필사로

책 한 권이 나오려면 시간이 얼마나 오래 걸렸겠니. 필경사 한 명이 평생 필사만 한다고 해도 100권을 못 만든다고 했대.

더욱이 유럽에서는 제지술이 보급되기 전에 주로 양피지를 사용했잖아. 소나 양 같은 가축의 가죽으로 만든 양피지는 값이 비쌌어. 그 비싼 양피지로 책 한 권을 만들려면 가축 100여 마리의 가죽 양은 족히 필요했을 테니 책 한 권에 들인 재료비만도 어마어마했지. 종이가 보급된 후에도 크게 다르지 않았어. 재료비는 조금 저렴해졌을지 몰라도, 여전히 책을 읽으려 하는 사람 수에 맞게 책을 공급할 수 없었으니까.

지금도 공장에서 기계가 똑같이 찍어 낸 물건보다 손으로 한 땀 한 땀 제작한 신발, 가발, 시계 등이 훨씬 더 비싸잖아. 만드는 사람의 수고와 시간이 많이 들어갔으니까. 당시 책은 이와 같은 위치였어. 비싸고 희귀해서 아무나 만들 수도 없고 아무나 사서 읽을 수도 없었다는 거야.

15세기 유럽에는 최고의 고등 교육 기관인 대학이 등장하기 시작했어. 하지만 대학 설립 초기에는 지식의 보물 창고라고 할 수 있는 대학 도서관조차 책이 많지 않았지. 1424년 영국 케임브리지 대학 도서관이 보유한 책은 고작 122권에 불과했어. 책이 귀했던 시절에는 귀족이나 왕족, 성직자처럼 막강한 권력이나 재력을 지닌 몇몇 계층만 책을 읽을 수 있었고, 지식을 독점할 수 있었던 거야. 한국의 형편도 크게 다르지 않았어. 불교 경전이나 유교 경전의 필사본이 이 책을 구해 공부하려는 사람 수에 비하면 턱없이 부족했지. 비싸기도 비쌌고 말이야.

지방의 유생 중에는 비록 학문에 뜻이 있지만 책이 없어서 읽지 못하는 사람도 많습니다. 궁색한 사람은 값을 마련하지 못해 책을 사지 못하고, 더러 값을 마련하려는 사람이 있어도, 『대학』이나 『중용』 같은 책은 상면포 3~4필을 주어야 사므로, 값이 비싸서 못 사게 됩니다.

『중종실록』 중종 24년(1529) 5월 25일

『조선왕조실록』에 실린 글이야. 상면포(품질 좋은 옷감) 3~4필이면, 논 500평(1600제곱미터)에서 나오는 쌀의 양만큼 비싼 거래.

그나마 비싸고 귀한 필사본이 손에 들어왔어도 문제는 또 있었어. 필경사가 베껴 쓰는 과정에서 글자를 잘못 쓰거나 문장이나 단락을 빼먹거나 심지어 없던 내용을 추가하거나 고쳐 쓸 우려는 늘 존재했어.

구텐베르크 인쇄기와 종이가 만나다

에헴, 나는 구텐베르크라는 독일 사람이올시다. 책을 밥 한두 끼 가격에 살 수 있다니! 정말 놀랍구먼. 그리고 저렇게 책이 많다니, 믿기지 않는군. 신세계에 살고 있는 미래 사람들이 부럽네. 나 또한 필경사들이 책 만드는 일을 도맡아 하던 시기에 살았기 때문에 책 구경을 맘껏 할 수 없었거든. 그렇다고 인쇄 기술이 아예 없었던 건 아니야. 14세기경 중국으로부터 목판 인쇄술이 전해지긴 했는데, 널리 이용되지 않았던 거지. 목판 인쇄라는 것이 나무판자에 글자를 새기고, 그 위에 잉크를 바르고 종이에 찍어 내는 방식이잖아. 일단 나무판자에 글자를 새기는 작업이 필경사가 한 글자 한 글자 베껴 쓰는 작업 못지않게 시간과 수고를 많이 들여야 해. 그래도 한 번 판을 만들면 여러 번 찍어 낼 수 있으니 필사본보다는 낫지 않을까 싶지만, 나무판자다 보니 대여섯 번만 인쇄해도 새긴 글자가 깨지거나 닳았고, 판 자체가 잘 휘어서 기대만큼 많은 양을 찍어 낼 수 없었어.

나는 시간과 공을 조금 덜 들이면서도 여러 번 반복해도 망가지지 않고 인쇄할 수 있는 방법을 오랫동안 고민했지. 일단 목판 인쇄의 문제점을 해결하기 위해 금속 활자를 이용하기로 했어. 금속 활자란 네모난 금속 조각 윗면에 글자나 문장 부호가 볼록 튀어나오게 새긴 것을 말해. 글자나 부호 별로 금속 활자를 여러 개씩 만들어 두고, 이것들을 단어나 문장으로 조합해서 인쇄판을 만들지. 단단한 금속으로 만든 활자이다 보니 여러 번 사용해도 나무처럼 닳거나 부서지거나 판이 뒤틀리는 일은 없었지.

한 글자씩 활자를 만들고,

필요한 활자를 모아 활자판 위에 배열하지.

활자판 위에 잉크를 바르고 종이를 얹어 압력을 가하면,

원하는 글이 인쇄된다네.

 그런데 금속 활자를 성공적으로 만들고 나서도 기대한 만큼 신나게 인쇄를 할 수는 없었어. 문제는 종이. 당시 유럽에서 구할 수 있는 종이는 두꺼워서 잉크가 잘 묻어나지 않았어. 금속 활자로 된 인쇄판을 아주 강한 힘으로 눌러 주어야만 제대로 인쇄가 되었지. 양피지에 인쇄하려면 더더욱 힘들었고 말이야. 적은 힘으로도 강한 압력을 만들어 낼 수 있는 장치가 없으면 금속 활자를 이용한 인쇄도 목판 인쇄처럼 사람들이 외면할 것 같았어.

그때 내 눈을 사로잡은 것이 포도즙 짜는 기구였다네. 포도를 많이 재배하는 지역에 살고 있었기 때문에 포도주를 만드는 광경은 흔히 볼 수 있었어. 그때마다 등장하는 포도즙 짜는 기구를 가만 보니, 포도를 위에서 강하게 눌러 즙을 짜내는 게 인쇄 방식과 비슷하더라고. 그래서 이 장치를 접목시켜 구텐베르크의 인쇄기를 탄생시켰지.

포도즙 짜는 기구 / 구텐베르크 인쇄기

포도즙 짜는 장치를 인쇄에 이용할 생각을 하시다니! 구텐베르크 아저씨, 정말 존경하고 감사해야 할 분 같지? 아저씨 덕분에 우리 책 세상이 열린 거라고 할 수 있으니 말이야.

실제 구텐베르크 아저씨가 인쇄기를 세상에 내놓은 후 엄청난 변화가 일어나기 시작했어. 필경사들이 필사로 책 한 권을 만드는 데 수개월이 걸린 반면, 인쇄기로는 일주일 만에 500권이나 되는 책을 만들 수 있었지. 인쇄기를 이용한 이후 1500년까지 유럽에서는 한 해에 3만 500여 종의 책이 1000만~2000만 권 인쇄되었다고 해. 짧은 시간 안에 일어난 변화가 얼마나 엄청났는지 인쇄기의 등장을 '구텐베르크 혁명'이라고까지 불러.

그런데 이렇게 큰 변화가 가능했던 데는 종이의 역할 또한 컸어. 얇고 잉크가 잘 스며들면서 가격도 싼 종이가 제공되지 않았다면 구텐베르크의 그 좋은 인쇄기로도 많은 걸 찍어 낼 수 없었을 테니까.

이렇게 책이 쏟아져 나오자, 더 이상 책을 일부 계층이 독점할 수 없게 되었어. 예전에는 책이 비싸기도 했지만 어려운 라틴어로 쓰여 있어서, 일반 사람들은 책을 손에 쥔다고 해도 읽을 수 없었어. 하지만 책이 많아지면서 자연스레 일반 사람들을 위해 모국어로 쓴 책도 늘어났고, 글을 몰랐던 사람들조차 책으로 글을 익히는 현상으로 이어졌지.

흔히들 책이 지식과 지혜 전달자이면서 세상을 보는 다양한 시각을 제공한다고 해. 이 때문에 통신 기술이 발달하기 전까지 책의 영향력은 정말 강력했어. 책을 통해 다른 나라와 사람들의 문화와 사상을 접하면서 자신과 이웃, 사회의 여러 문제를 해결하려는 움직임들이 곳곳에서 일어나기도 했지. 실제 세계사에 큰 획을 그은 사건 중에는 책이 도화선 역할을 한 경우가 적지 않아.

면죄부와 종교 개혁

중세 유럽은 교황의 권력이 아주 강했어. 그러다 보니 교황은 막강한 권력을 이용해 많은 부패를 저지르기도 했지. 1517년 교황 레오 10세의 사치스러운 생활은 혀를 내두를 정도였어. 화려한 궁정에서 생활하면서 희귀한 흰 코끼리를 타고 서커스단과 표범 등을 앞장세워 시내를 행진하는 걸 즐겨했지. 이러다 보니 성 베드로 대성당을 고쳐 지을 재정마저 부족한 상황까지 이르렀고 교황은 꾀를 하나 내. 면죄부를 발행해서 파는 거였어. 면죄부란 죄의 대가로 치러야 할 형벌을 면제받았다는 것을 증명하는 문서였어.

당시 면죄부는 송아지 세 마리 값에 달할 정도로 비쌌지만, 사람들은 어떻게든 면죄부를 사려고 했어. 저런 황당한 말을 믿고 거금을 들여 종이 쪼가리를 산다니 이해가 안 되지? 당시 라틴어로 된 성서는 일반 사람들이 읽을 수 없었어. 성서의 내용을 전혀 모르니 오로지 교황의 말에만 의존했고, 그 결과 교황의 말을 곧 신의 말로 받아들였어.

독일의 수도사 마르틴 루터는 교회가 면죄부를 만들어 순진한 사람들을 속이는 걸 두고 볼 수 없었어. 그는 면죄부 판매의 부당함을 비롯해 교황과 교회가 성서를 왜곡하면서 저지른 잘못을 '95개 조항'으로 정리해 교회 문 앞에 붙이고 발표했어. 본래 '95개 조항'은 루터가 라틴어로 썼는데, 독일어로 번역된 전단지가 인쇄돼 15일 만에 독일 전체로 퍼졌어. 당시 전단지 한 장이 갖는 위력은 작지 않았어. 군중이 모인 광장에서 전단지가 낭독되고 그 자리에서 바로 토론을 벌이기도 하면서 일파만파 소식이 퍼져 나갔으니까.

루터는 '95개 조항'을 발표한 후, 자신의 주장을 뒷받침하는 책과 독일어로 번역한 성서를 펴내면서 부패한 교회 개혁의 필요성을 알리는 데 더욱 힘썼어. 그가 펴낸 책은 1517년에서 1520년 사이에 30만 부나 팔리면서 여러 계층의 사람들에게 큰 충격을 주었지. 그러면서 교회가 개혁해야 한다는 루터의 뜻은 점점 힘을 얻게 되었고, 결국 종교 개혁에 불이 붙기 시작해. 독일에서 시작된 종교 개혁은 이후 100년이 넘게 유럽 전체로 퍼졌고, 그 결과 개신교라는 이름의 새로운 기독교가 탄생해. 이제 더 이상 교황과 교회가 성서를 독점하고 자신들의 편의에 맞게 해석하고 이용하면서 세력을 과시하기 어려운 세상이 온 거지. 이 모든 일이 종이나 인쇄기, 둘 중 하나라도 없었다면 불가능한 일이었다는 데 이의를 제기할 사람은 없을 거야.

책, 혁명의 불씨가 되다

18세기 프랑스는 왕, 성직자, 귀족, 그리고 농민과 노동자가 중심이 된 평민 등의 신분이 있었어. 신분 제도 아래 전체 인구의 2퍼센트밖에 안 되는 왕, 성직자, 귀족들이 부와 권력을 가지고서 엄청난 특권을 누렸어. 그에 반해 평민은 이들의 지배 아래 막대한 세금을 납부해야 했고, 가난에 더해 사람답지 않은 대접을 받는 것이 다반사였지. 하지만 그들은 크게 문제 삼지 않았어. 그렇게 불평등하게 자유를 제한받으면서 사는 것이 당연하다고 여겼으니까. 마치 지금 너희가 모든 사람은 평등하고 자유를 누려야 한다는 걸 당연하게 여기는 것처럼 말이야.

그런데 이들의 생각이 서서히 흔들리기 시작해. 루소, 볼테르, 몽테스키외 등 프랑스의 사상가들이 자유와 평등에 관한 책을 펴내고, 많은 사람들이 이 책들을 읽고 또 주변에 그 내용을 전파하면서부터야. 종이와 인쇄술이 만나 또 하나의 역사적인 사건에 불을 지핀 거지.

장 자크 루소

물론 그들이 낸 책은 너무 어려워서 제대로 교육받지 못한 사람들은 읽어도 무슨 말인지 알 수 없었어. 대다수의 사람들은 가벼운 소설 속에서 자유와 평등의 의미를 깨우쳤다고 해. 당시에는 사회의 부조리를 풍자하는 공상과학 소설이나 연애 소설 등이 인기가 많았대. 주로 특권 계층을 헐뜯고 비웃는 내용이 많았지. 이러한 책들이 불티나게 팔리자 나라에서는 이 책들을 금서로 지정해서 판매할 수 없게 만들어 버렸어. 내용이 저급하다는 이유를 달아서 말이야.

하지만 아무리 금서를 지정해서 사람들의 눈과 귀를 막으려 애를 써도, 이미 불붙은 혁명의 불길을 잠재울 수 없었어. 권력자들의 횡포와 무능으로 나라 살림이 어려워지고, 평민들이 극심한 가난에 허덕이게 되자, 혁명의 기운은 날로 힘을 얻어 갔어. 프랑스 시민들은 1789년부터 5년에 걸쳐 자유, 평등, 박애 정신을 내세워 투쟁한 끝에 결국 왕이 나라의 주인인 옛날 체제를 무너뜨리고, 평등한 국민이 주인이 되는 나라에 한 발짝 가까이 다가서게 되지.

미국의 역사에서도 책이 역사적 사건의 도화선이 된 일을 찾아볼 수 있어. 너희들 미국의 남북 전쟁에 대해 들어 봤을 거야. 노예 제도를 찬성하는 미국의 남부와 노예 제도를 반대하는 미국의 북부와의 충돌로 일어난 사건이지.

왜 노예 제도를 두고 한 나라에서 이렇게 의견이 정반대로 갈렸을까? 그건 당시 미국의 남부는 사탕수수와 목화를 재배하는 농업이 발달해 있었고, 북부는 공장 중심의 공업이 주를 이뤘기 때문이야. 남부에서는 거대한 농장을 운영하려면 마음대로 부릴 수 있는 노예들이 필요했어. 만약 노예 제도가 폐지되면 값싼 일꾼을 모두 잃게 되는 거니 반대할 수밖에.

반면 공업이 발달한 북부에서는 공장에서 일할 사람을 구하기 너무 힘들었어. 만약 노예 제도가 폐지되면 남부에서 노예로 묶여 있었던 많은 흑인들을 공장 노동자로 삼을 수 있겠다 싶었지. 그래서 노예 제도 폐지를 적극 찬성하고 나선 거고.

이렇게 남부와 북부의 셈법이 달라 갈등이 커져 갈 즈음, 해리엇 비처 스토의 『톰 아저씨의 오두막』이 세상에 나와. 1852년에 발표된 이 책의 작가는 아주 성실하고 모범적인 흑인 노예 엉클 톰을 주인공으로 내세워 노예 제도 아래서의 비참한 일생을 생생히 묘사했어.

해리엇 비처 스토

『톰 아저씨의 오두막』은 출간되자마자 1년 만에 30만 부나 팔릴 정도로 폭발적인 반응을 일으켰어. 주인공 톰의 입장에서 노예 제도의 잔인하고 비인간적인 면을 간접적으로나마 체험하게 되자, 남부의 사람들마저 노예 제도를 마냥 찬성할 수 없게 되었어. 또 노예 제도 폐지를 주장했던 사람들에게는 좀 더 적극적인 행동을 끌어내는 역할을 했어. 이 때문에 『톰 아저씨의 오두막』은 남북 전쟁에서 결정적인 역할을 한 문학 작품으로 평가받을 뿐만 아니라, 미국 소설 처음으로 밀리언셀러 자리에 오르지.

미국의 대통령으로 노예 제도 폐지를 주장하는 링컨이 당선된 후, 남부와 북부의 갈등이 극에 달한 끝에 남북 전쟁이 벌어져. 그리고 북부의 승리로 전쟁이 끝나면서 노예 제도는 폐지되었단다.

종교 개혁, 프랑스 혁명, 남북 전쟁에 이르기까지 세계사의 굵직한 사건을 촉발하고 확산하는 데 종이의 역할이 결코 작지 않았다는 거, 이 정도면 인정할 만하지 않니?

우주의 중심이 바뀌다

15세기까지도 사람들은 우주의 중심은 지구이고, 우주의 모든 별이 지구 둘레를 돈다고 생각했어. 하지만 위대한 과학자들이 등장하면서 그 생각이 바뀌었지. 나를 따라 와.

난 코페르니쿠스, 갈릴레이, 케플러 선배들의 연구를 전부 공부하면서 새로운 사실을 발견했지. 행성들을 태양 주위로 돌게 하는 힘이 중력 때문이란 걸 알게 된 거야. 그리고 선배들의 연구를 종합하여 과학적 이론을 만들어 냈어.

영국

뉴턴

뉴턴의 이론이 나온 이후로 사람들은 지구가 태양 주위를 돌고 있다는 걸 믿을 수밖에 없었어. 몇천 년간 믿어 왔던 생각이 확 뒤바뀌게 되었지. 그래서 이때를 가리켜 과학 혁명이라고도 해. 이것도 다 시간과 공간을 돌고 돌며 과거의 이론이 책으로 전파되었기에 가능한 일이었지.

신문은 힘이 세다

요즘은 내 손안의 스마트폰으로 전 세계의 뉴스와 정보를 언제 어디서나 볼 수 있어. 그렇다면 스마트폰은 물론이고, 집집마다 컴퓨터나 텔레비전이 없었을 때는 뉴스를 어떻게 접했을까? 다양한 방송 채널이 등장하고 초고속 인터넷 서비스가 생활 전반으로 파고들기 전까지 가장 독보적인 뉴스와 정보 전달자는 바로 종이 신문이었어.

나라 곳곳의 중요한 소식을 가장 빨리 전하는 것은 신문의 가장 기본적인 일. 이것뿐만 아니라 신문에는 억울한 일을 당한 사람의 하소연이나 항의, 큰 사건에 대한 다양한 비판과 주장도 실렸고, 생활에 유용한 정보나 지식도 담아 전달했어. 그때는 신문에 난 일이면 검증받은 일로 사람들이 인정할 정도로 신문의 위상이 굉장히 높았지. 게다가 전국 곳곳으로 매일 배송되었기

때문에 전파력 또한 대단했어. 물론 지금의 속도와는 감히 비교할 수 없을 테지만, 당시에는 신문이 가장 빠른 정보 전달자였어.

1894년 프랑스에서는 신문에 실린 뉴스로 인해 간첩이 아닌 사람이 간첩으로 누명을 쓰는 일이 발생해. 유대인을 곱지 않은 시선으로 바라봤던 프랑스군이 드레퓌스라는 유대인을 간첩으로 지목한 것이 신문에 실린 거야. 기사로 이 소식을 접한 사람들은 드레퓌스에게 엄청난 비난을 쏟아부었고, 드레퓌스는 자신이 무죄라고 주장했지만 결국 법정에서 종신형을 선고받아.

두 해 지나서 진범이 따로 있다는 이야기도 흘러나왔지만 프랑스군은 실수를 감추려고 드레퓌스에게 계속 누명을 씌웠어. 어느 한 신문사에서는 드레퓌스가 무죄라는 증거 자료를 찾아서 발표도 했는데, 사람들의 생각은 바뀌지 않았어. 더 많은 신문에서 여전히 드레퓌스를 비난하고 있었으니까.

사람들이 진실을 믿기 시작한 건 또 다른 신문을 통해서야. 1898년, 프랑스 최고의 인기 작가 에밀 졸라는 '나는 고발한다'라는 제목으로 드레퓌스 사건의 진실을 폭로하고 정부를 비판하는 글을 신문에 실었어. 이 글을 실은 〈로로르〉지는 30만 부 이상 팔렸고, 그제야 드레퓌스 사건을 다시 들여다봐야 한다는 사람들이 한두 명씩 늘어나.

물론 한동안은 드레퓌스를 지지하는 사람들과 비난하는 사람들 간에 의견 충돌과 다툼이 계속됐어. 하지만 진실을 밝히는 재판을 열어야 한다는 사람들의 의견이 받아들여지면서 드레퓌스는 다시 재판을 받고 1906년, 12년 만에 무죄 선고를 받고 풀려나지.

어때? 한 사람의 인생을 좌지우지할 정도니, 신문의 영향력이 무서울 정도로 대단하지 않니? 이렇게 신문이 큰 힘을 갖게 되자 국가가 신문을 통제하려고도 했어. 신문이 인쇄되기 전에, 그날 실릴 기사와 정보를 국가가 먼저 검토해서 국가의 정책이나 대통령을 비판하는 내용을 고치거나 빼게 했던 거야. 사람들이 좋아할 만한 내용을 더 많이 실어서 국가가 감추고 싶은 기사를 덜 중요하게 보이게 하거나 관심을 돌리게도 하고 말이지.

하지만 제지술이 발달하면서 질 좋고 싼 신문용지 공급이 수월해지고, 인쇄술 또한 함께 발달하면서 신문의 종류와 부수 또한 다양해지고 많아져. 그사이 신문 말고 잡지나 방송 채널이 많아지면서 뉴스와 정보를 접할 수 있는 창구 또한 많아졌고. 그러면서 국가가 이러한 언론의 자유를 침해하고 통제하는 건 점점 어려운 일이 되었지.

요즘은 종이 신문을 읽는 사람이 별로 없지만, 그렇다고 해서 신문의 영향력이 사라진 건 아니야. 인터넷 신문까지 포함하면 신문의 숫자는 훨씬 더 많아졌고, 정말 많은 기사가 실시간으로 작성되고 엄청나게 빠른 속도로 퍼져 나가니까. 게다가 독자가 기사를 읽고 자신의 의견을 댓글로 달기도 하고, 사회관계망 서비스(SNS)를 통해 기사를 공유하기도 해. 물론 종이에 인쇄된 형태가 아니라 인터넷상으로 무대가 옮겨지긴 했지만 말이야.

종이 신문에 의존하던 시절과 비교하면, 누구나 각종 소식과 정보를 엄청 빠르게 많이 접하고 있어. 그러다 보니 가짜 뉴스가 큰 문제를 낳고 있지. 드레퓌스 사건처럼 잘못된 정보가 진실인 것처럼 꾸며져 누명을 쓰거나 손

해를 입을 위험에 누구나 처해 있다는 거야. 그러니 정보의 홍수 속에서 옳고 정확한 것을 가려낼 수 있는 눈을 기르는 것이 아주 중요해졌지.

　인터넷 신문이든 전자책이든 그 뿌리는 종이 매체라고 할 수 있어. 그래서일까? 디지털 시대를 살면서도, 종이 매체만을 고수하는 사람들도 늘어나고 있어. 취향이나 관심사가 같은 사람 몇몇이 모여 개성을 살린 신문이나 잡지를 만들어 배포도 하고, 출판사를 통하지 않고서 기획을 하고 글을 쓰고 디자인해서 종이 책을 펴내는 사람도 증가하고 있어. 같은 책이면 전자책이 아니라 종이 책을 구매해서 읽고 책장을 채우는 걸 즐겨하는 독자들도 여전히 많고.

　간혹 이런 사람들에게 자연을 보호하기 위해서라도 종이 사용을 줄여야 하지 않겠느냐고 따끔한 충고를 하는 사람들이 있어. 디지털 매체 시대에 들어서면서 종이 신문이나 책 생산이 줄어들어 환경 보호에 큰 도움이 될 거라 기대도 하지. 아니! 종이가 플라스틱을 대체하는 친환경 소재라고 할 때는 언제고 왜 이제 와서 다른 소리를 하지? 그 이유를 들어 봐야겠어.

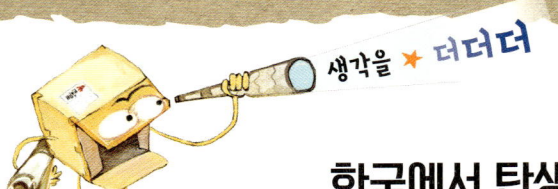

한국에서 탄생한 최초의 금속 활자

『직지』의 발견으로 인류 인쇄 역사를 다시 쓰다

앞에서 택배 상자가 외규장각의 『의궤』가 오랫동안 프랑스 국립 도서관 지하 창고에 방치되었다가, 사서로 일하던 한국인에 의해 발견되었다고 한 거 기억해? 맨 처음 먼지에 쌓여 방치된 『의궤』를 발견한 분이 박병선 박사님이야. 그런데 이분이 금속 활자하고는 무슨 관계가 있을까 싶지?

1972년 프랑스 국립 도서관에서 세계 곳곳의 도서를 선보이는 전시회를 열었어. 이때 박사님이 표지에 『직지』라고 쓰인 책 한 권을 소개했는데, 전 세계가 깜짝 놀랐지. 당시만 해도 구텐베르크가 인쇄한 『42행 성서』가 금속 활자로 인쇄한 가장 오래된 책으로 알려져 있었거든. 그런데 『직지』에 "1377년 흥덕사에서 금속 활자를 만들어 찍어 냈다"고 버젓이 기록돼 있었어. 이건 『42행 성서』보다 무려 70여 년이나 앞서 금속 활자로 인쇄된 것이라는 증거로, 세계 최초의 금속 활자본이라는 명예가 『직지』로 바뀌어야 한다는 것을 의미했지. 이날의 전시 이후, 박병선 박사님은 『직지』의 존재를 더욱 적극적으로 세상에 알렸고, 2001년 9월 『직지』는 세계에서 가장 오래된 금속 활자본으로 인정되어 유네스코 세계 기록 유산으로 등록되었어.

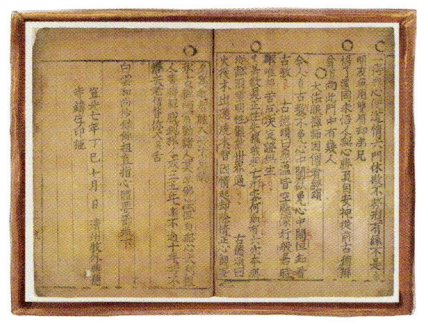

『직지』의 원래 제목은 『백운화상초록불조 직지심체요절』이야. 백운이라는 스님이 불교의 가르침 가운데 일부를 골라서 쓴 책이라는 뜻으로, 줄여서 『직지심체요절』이라고도 부르지.

사실 『직지』보다 더 이른, 1234년에 금속 활자로 인쇄한 책이 있다는 기록이 있어. 『상정고금예문』이라는 책인데 현재 남아 있지 않기 때문에, 현존하는 금속 활자본 중에는 『직지』가 가장 오래됐다고 보는 거지.

독일의 구텐베르크 아저씨 때문에 '인쇄' 하면, 서양의 기술이 훨씬 앞선 것으로 생각하기 쉬운데, 한국만 하더라도 결코 뒤지지 않는 인쇄 역사를 자랑해. 세계 최초의 목판 인쇄본인 『무구 정광 대다라니경』도 기억하지? 혹시 『팔만대장경』이라고 들어 봤어? 『팔만대장경』은 고려 시대 몽골이 침입하자 1236년부터 1251년까지, 약 15년 동안 나무판에 부처의 말씀을 새긴 것으로, 목판 수가 8만 1258개에 이르며 글자 수가 5200만 개에 달한다고 해. 당시 고려는 불교를 숭배하고 있었기 때문에 그 힘으로 몽골의 침입을 막아 내고자 한 거지. 『팔만대장경』 또한 2007년에 유네스코 세계 기록 유산으로 등재되었어.

『팔만대장경』은 경상남도 합천군 해인사의 장경판전에 보관되어 있다. 장경판전은 1995년 유네스코 세계 문화 유산으로 등재되었는데, 500년 이상 어마어마한 양의 목판을 잘 보존할 만큼 온도와 습도가 일정하게 유지되고 해충의 피해를 줄일 수 있게 과학적으로 잘 설계되었다는 평가를 받았다.

왜 구텐베르크의 인쇄술이 더 유명할까?

한국의 이렇게 빛나는 인쇄술은 왜 구텐베르크의 인쇄술처럼 전 세계로 퍼지지 못했을까? 실제 한국에서도 19세기까지는 인쇄본보다 필사본이 더 많았거든. 그 이유에 대해선 여러 가지 추측이 있어.

우선 한자 사용이 큰 걸림돌이 되었을 수 있어. 알파벳은 30자가 안 되는데, 한자는 알려진 글자 수가 5만 자, 실제로 쓰이는 것만 하더라도 5000자 정도 되니 이 많은 글자를 금속 활자로 만드는 데 어려움이 있었을 걸로 보는 거지. 그렇다면 한글 창제 후에는 상황이 달라졌을까? 글자 수로 보자면 한글 창제 당시 28자밖에 안 되었으니 한자에 비해 만들어야 하는 활자 종류는 훨씬 적어졌다고 할 수 있지. 하지만 한글은 창제 후 한참 동안 널리 사용되지 않았을 뿐만 아니라, 무엇보다 한글은 자음과 모음의 조합으로 글자가 만들어지기 때문에 활자 종류는 적어도 필요한 활자 수는 결코 적지 않았어. 일자로 배열하는 알파벳에 비하면, 한글은 활자를 조합하는 데 좀 더 정교한 기술도 필요했고.

　그리고 '종이'도 영향을 주었을 거라고 해. 구텐베르크 아저씨는 당시 사용하던 양피지나 종이가 두껍고 잉크가 잘 묻어나지 않자, 이 문제를 해결하기 위해 인쇄판을 더 강하게 누를 수 있는 기계로 인쇄기를 발명하게 된 거잖아? 그런데 한지는 목판이든 금속판이든 손으로 문지르기만 해도 먹물을 잘 흡수했어. 그러니 특별한 기계를 만들 필요가 없었던 거지. 게다가 구텐베르크 아저씨는 금속 활자를 만들 때 값싼 납을 사용했는데, 한국에서는 비싼 구리로 만들었어. 그러다 보니 금속 활자를 많이 만들어 퍼트리는 데 한계가 있었던 거지.

　비록 전 세계적으로 한국의 인쇄술이 퍼지지 못했을지라도, 세계 최초로 금속 활자를 발명했고 목판 인쇄술 또한 우수했다는 사실은 자랑할 만한 사실이야. 최근엔 고려 시대의 인쇄술이 유럽에 영향을 끼쳤다는 연구 결과도 발표되고 있다고 하니 인쇄술의 역사가 또 다시 수정되는 날이 올지도 모르겠어.

종이, 이렇게 써도 괜찮을까?

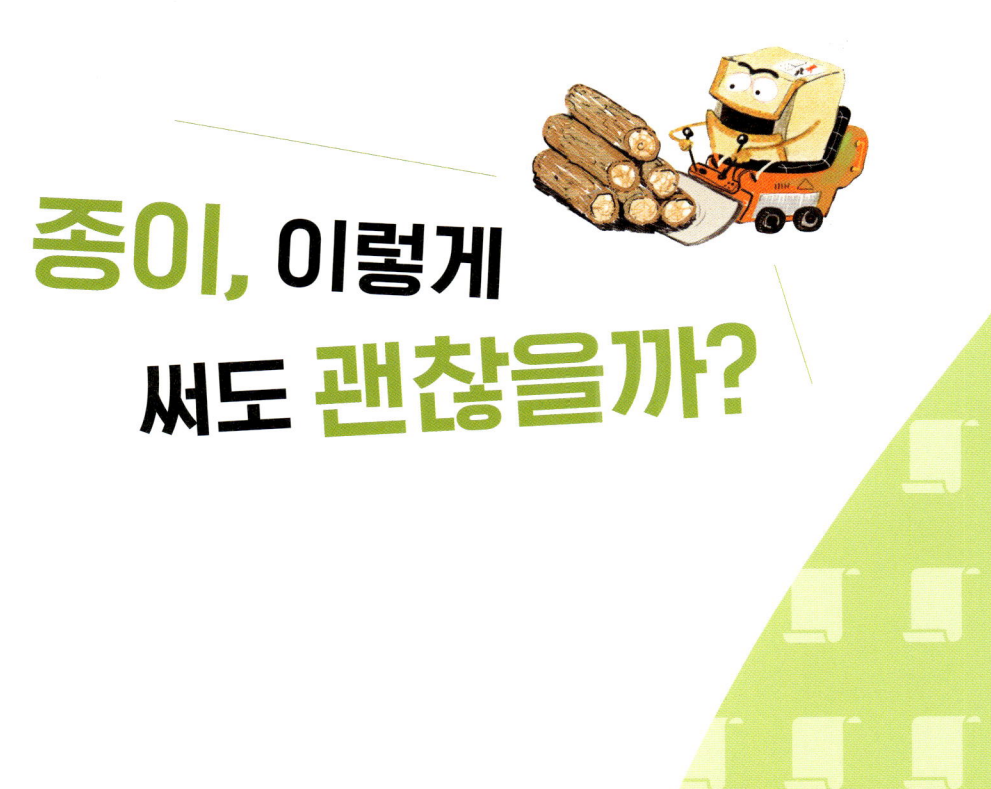

나무에서 태어나는 종이

어이쿠! 여긴? 나무와 나무 조각들이 쌓인 걸 보니……

안녕, 책! 흥분하지 말고 날 잘 따라오면서 내 이야기를 일단 들어 봐. 여긴 종이를 만드는 공장이야. 당연히 기계의 도움을 받아서 만들고 있지. 18세기 유럽에서 산업 혁명이 일어나면서 산업 전반에 걸쳐 기계가 생산을 이끌어 가자 제지 산업도 영향을 받아. 더욱이 도시를 중심으로 부를 얻은 계층이 늘어나고 학교도 많이 세워지고, 이에 따라 신문이나 책의 소비가 나날이 증가했기 때문에 하루빨리 종이를 대량으로 생산할 수 있는 시설을 갖춰야 했지.

그런데 종이를 공장에서 생산하는 데 큰 문제가 가로막고 있었어. 다름 아닌 재료. 넝마나 솜같이 섬유 성분을 갖고 있는 재료가 충분히 공급되지 않았던 거야. 어떻게든 엄청난 양의 넝마를 구하거나 대체할 만한 새로운 재료를 찾아야 하는 상황이었지. 여러 발명가들이 이 문제에 매달렸어. 그리고 1840년, 독일의 켈러가 나무에서 섬유 성분을 분리하는 기계를 발명하면서 문제가 말끔히 해결되지. 당시 나무는 구하기 쉽고 양도 많았으니까. '종이는 무엇으로 만들까요?' 하면 이제는 누구나 '나무'라고 답하잖아. 그런데 공장에서 나무를 재료로 해서 본격적으로 종이를 생산한 건 200년도 안 되는 거야.

'펄프'라고 들어 봤지? 나무에서 얻은 섬유 뭉치가 '펄프'야. 펄프는 생산할 때 화학 약품을 첨가하느냐, 첨가하지 않느냐에 따라 화학 펄프와 기계 펄프로 나눌 수 있어. 먼저 화학 약품을 첨가하지 않는 기계 펄프는 같은 양의 나무로 더 많은 양을 생산할 수 있어. 하지만 강도가 약하고 햇빛이나 열에 쉽게 색이 변해. 그래서 신문용지를 비롯해 저렴한 인쇄용지를 만들 때 사용하지.

과거 미국의 한 공장에서 펄프를 생산하고 있는 장면이야. 이 펄프를 가지고 요런저런 과정을 거치면 종이를 만들 수 있단다.

반면 화학 약품을 첨가하는 화학 펄프는 나무를 아주 잘게 쪼갠 다음 화학 약품과 함께 고온에서 끓이는 과정을 거쳐. 이때 각종 불순물이 제거되기 때문에 품질이 아주 우수해. 주변에서 보통 사용하는 복사용지나 인쇄용지가 화학 펄프로 만들어진 거라고 보면 돼.

1 벌목한 나무의 겉껍질을 벗긴다.	→ 기계 펄프	**2-1** 나무를 갈아 펄프를 만든다.
	→ 화학 펄프 **2** 나무를 잘게 쪼갠다.	**3** 칩에 화학 약품을 첨가하여 끓인다.	**4** 세척하여 화학 약품과 불순물을 제거한다.

종이가 어떤 과정을 통해 만들어지는지 살펴볼까?

화학 공정을 거치지 않으면 기계 펄프가 되지.

사라진 숲, 사라지는 생물들

인류가 지구에 나타나기 전, 땅은 대부분 숲이었대. 그런데 인류가 지구의 주인 노릇을 하면서 농경지를 개간하고 산업을 발달시키고 도시를 개발하는 등 숲을 마음대로 파괴하고 이용한 결과, 20퍼센트 정도의 숲만 남았다고 해. 지금도 2초마다 축구장 면적의 숲이 사라지고 있지.

종이를 생산하는 제지 산업 또한 숲이 파괴되는 데 한몫하고 있어. 나무로부터 종이를 얻고 있으니, 당연한 거겠지. 한 예를 들자면, 인도네시아의 리아우 주에는 세계 최대 규모의 펄프 공장이 있어. 1980년대 리아우 주의 78퍼센트를 차지했던 숲이 2005년에는 33퍼센트로 줄어들었대.

2007년 펄프를 만들기 위해 훼손된 인도네시아 천연 숲의 모습이야. 최근에는 팜나무 농장을 짓기 위해 천연 숲이 많이 망가지고 있다고 해.

사실 종이를 쓸 때마다 나무가 베어지고, 숲이 사라지는 아픔을 떠올리는 건 쉽지 않아. 일단 그 현장이 눈에 보이지 않으니까. 그러다 보니 종이를 생산하는 회사가 앞장서서 천연 숲을 지키려고 여러 가지 시도를 하고 있어. 종이를 계속 만들기 위해서도 중요한 일이니까. 이렇게 무서운 속도로 나무를 베다가 더 이상 펄프 재료가 될 만한 나무가 없으면 큰일이잖아.

그래서 몇 해 전부터 많은 제지 회사가 천연 숲의 나무를 베지 않고, 자신들이 만든 인공 숲의 나무를 베고 있어. 인공 숲이 뭐냐고? 사람의 손을 타지 않고서 자연적으로 생성되고 유지되는 천연 숲이 아니라 특별한 목적을 가지고 인위적으로 조성한 숲을 말해. 펄프 자료로 적합한 나무를 개량해서, 오직 그 나무만 심고 가꾸면서 숲을 유지하는 거지. 제지 회사로서는 숲도 살리면서 이익도 챙기는 일석이조의 방법처럼 보여.

그런데 택배 상자! 과연 그럴까? 인공 숲을 조성하는 건 좋아 보이는데, 만약 전 세계 제지 회사가 모두 인공 숲을 만들겠다고 나서면, 그 많은 숲은 어디에 만들 수 있는 거야? 나무가 사막이든 아스팔트 위든 어디서나 자랄 수 있으면 모를까, 지구상에 그렇게 많은 나무를 심을 수 있는 땅이 존재하느냐 말이지.

택배 상자, 네가 미처 생각하지 못한 게 있어. 지금의 인공 숲은 천연 숲의 나무를 전부 베어 버리고 그 위에 조성된 거라는 사실. 제지 회사가 개량한 나무를 심기 위해 천연 숲의 나무를 베고 난 후에 불을 지르고 제초제

를 뿌린대. 이전 나무의 뿌리와 씨앗을 완전히 없애려고 말이지. 그러고 나서 개량 나무를 심고 화학 비료와 살충제 등을 사용해 재배하지. 해충의 피해를 막아 건강한 나무를 원하는 시간 안에 얻기 위해서 말이야. 그래서 인공 숲은 '나무 농장'이라 불리기도 해.

　본래 숲은 눈에 보이지 않는 미생물부터 온갖 벌레와 곤충, 다람쥐, 뱀, 멧돼지처럼 크고 작은 동물, 그리고 이름 모를 잡초와 꽃나무, 소나무, 전나무처럼 다양한 식물들이 어우러져 사는 생명 공간이야. 이에 반해 인공 숲은 개량 나무 한두 종만 자라니까 다양한 생명체가 살 수 없어. 게다가 화학 비료와 살충제를 사용하니까 토양은 스스로 건강해질 수 있는 힘을 점점 잃게 되고 그렇게 될수록 인위적으로 땅에 양분을 줘야 하니 화학 비료 사용은 점점 더 늘어나. 이런 악순환이 계속되면서 건강한 숲이 조성되지 못하니 살충제 사용도 증가할 위험이 있지.

　지구에 살고 있는 수백, 수천 만 종의 동물과 식물은 서로 서로 연결된 생태계 안에서 살고 있어. 생명체의 다양성이 줄어든다는 것은 생태계 사슬의 여러 부분이 끊긴다는 거야. 결코 한두 종이 멸종돼 사라지는 걸로 끝나지 않고, 생태계를 이루는 모든 생명체에 영향을 끼칠 수밖에 없다는 거지.

실제 미국 남부에서는 천연 소나무 숲이 50년 동안 반 이상 사라졌고, 인공 숲이 그 자리를 대신해서 현재 미국 남부 숲의 20퍼센트를 차지하고 있다고 해. 그런데 그 결과, 천연 소나무 숲에 살았던 온갖 종류의 야생 동물과 식물도 함께 사라져 버리고 말았대. 택배 상자! 그러니 인공 숲 조성을 마냥 좋은 방법이라고 하긴 어렵지 않겠니?

어떤 문제에 대해 완벽한 해결책이 어디 있겠어! 그러니 그렇게 코 빠뜨리고 있지 마. 다행히 사람들은 계속 더 나은 해결책을 찾고 있으니까. 전 세계에서 가장 유명하기도 하고 많이 이용하는 복사용지 '더블에이'라고 들어 봤니? '더블에이'는 상표 이름이면서 태국의 제지 회사 이름이기도 해. 아무튼 이 더블에이 회사는 태국 농부들과 계약을 맺고 농지와 농지 사이

의 자투리땅에 나무를 심고 있대. 계약을 맺은 농부들에게 3년이면 다 자라게 개량한 묘목을 싼값에 팔고, 농부들이 3년에 걸쳐 나무를 잘 키우면 비싼 값에 나무를 사들이는 거야. 농부들은 어차피 놀고 있는 땅을 이용해 농사 이외의 수익을 얻을 수 있고, 더블에이는 천연 숲과 생태계를 파괴하지 않고 인공 숲을 조성해 자신들이 원하는 나무를 제공받을 수 있는 거야.

 인공 숲 조성이든, 자투리땅을 활용하는 방법이든 제지 회사로서는 비용도 부담되고 번거로울 수 있는 방법이지. 하지만 제지 산업은 자연에서 얻는 재료가 없으면 제품을 만들 수 없는 산업이다 보니 자연을 파괴하지 않으면서 재료를 공급해 주는 방법을 계속 고민하지 않으면 안 될 거야.

하얀 종이 뒤의 검은 진실

복사용지 말이 나와서 말인데, 복사용지라고 하면 하얗잖아? 보통 '종이=하얀색'이 공식처럼 되어 있는데, 어떻게 그렇게 생크림처럼 뽀얀 종이를 만들 수 있을까 궁금한 적 없었니? 펄프의 재료가 되는 나무 색은 하얗지 않은데 어떻게 흰 종이가 나올까 하고 말이야. 특별히 난 종이 색에 유달리 관심이 많았어. 택배 상자 색이 누렇다 보니 서운할 때가 많았거든. 대체로 사람들은 종이 빛이 희어야 깨끗하고 위생적인 새것이라고 받아들이더라고. 그런데 조사해 보니, 희다고 다 깨끗하다고만 할 수는 없겠더라.

아까 제지 공장을 둘러볼 때, 표백 과정이 있었던 거 기억해? '표백'이라는 말 어디서 많이 들어 본 것 같지? 세탁이나 청소 세제 앞에 많이 붙는 말이라서 그럴 거야. 표백이란 한마디로 희게 하는 거야. 펄프로 종이를 만드는 과정에서 표백 처리하면 나무 본래의 색이 빠지면서 흰 펄프를 얻을 수 있지. 표백제는 성분에 따라 산소계 표백제, 염소계 표백제로 나뉘는데, 제지 회사는 오랫동안 염소 성분의 표백제를 주로 사용해 왔어. 문제는 염소

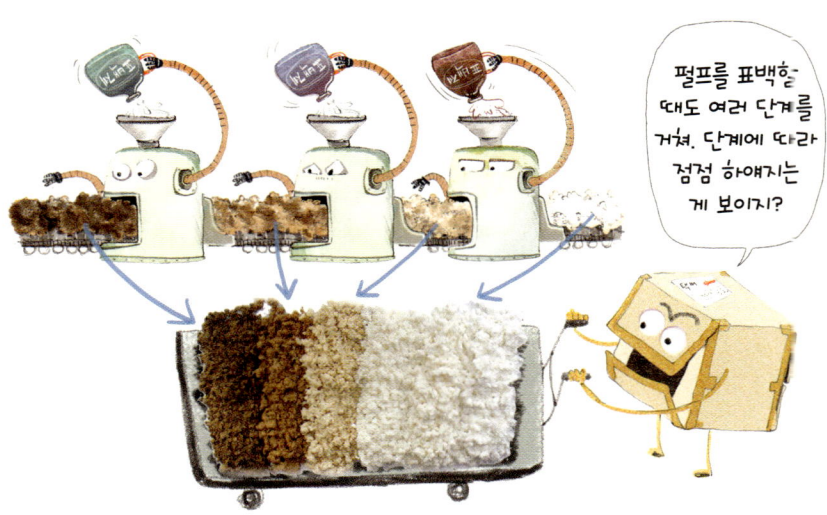

펄프를 표백할 때도 여러 단계를 거쳐. 단계에 따라 점점 하얘지는 게 보이지?

계 표백제로 표백하면, 그 과정에서 다이옥신과 푸란이라는 생명체에 매우 유독한 물질이 발생한다는 거야.

 시베리아에 위치한 바이칼 호수는 수심이 깊지만 바닥이 훤히 비칠 정도로 물이 아주 맑고 깨끗하기로 유명해. 그러다 보니 바이칼 호수는 깨끗한 물에서만 사는 전 세계적으로 희귀한 생명체들을 만날 수 있는 곳이기도 해. 특히 이 가운데 호수 전체에 걸쳐 서식하는 바이칼물범은 바이칼 호수의 상징으로 알려졌지.

 그런데 1997년, 바이칼 호수에서 바이칼물범이 1만 마리 이상 떼죽음을 당하는 끔찍한 일이 벌어졌어. 환경 단체 조사에 따르면 바이칼 호수 서남쪽에 들어선 제지 공장과 펄프 공장에서 배출한 폐수가 원인이었다고 해. 해마다 20만 톤의 펄프와 1만 2000톤의 종이 생산 과정에서 발생한 폐수를 바이칼 호수로 내보냈던 거야. 다이옥신을 비롯해 생명체에 치명적인 성분이 녹아 있는 물을 정화 처리를 하지 않고 그대로 흘려보냈으니, 이건 마치 호수에 독을 푼 거나 마찬가지라고도 할 수 있어.

2005년, 칠레의 크루세스강에서도 검은목고니 5000여 마리가 근처 펄프 공장의 폐수로 희생되는 일이 있었어. 폐수 처리 시설이 고장 났는데도 고치지 않아서 발생한 참혹한 사태였지. 이렇게 염소계 표백제 사용이 문제를 많이 낳자, 최근에는 과산화수소를 표백제로 사용하기도 해. 산소계 표백제의 주요 성분인 과산화수소는 염소계 표백제와 달리 처리 과정에서 오염 물질을 거의 배출하지 않기 때문이야. 그렇다면 왜 예전부터 과산화수소를 사용하지 않았냐고? 그건 과산화수소로 표백 처리하려면 설비 설치와 운영 비용이 많이 들기 때문이지. 그래서 여전히 염소계 표백 처리를 계속하고 있는 공장이 많다고 해.

 표백으로 그치지 않는 경우도 있어. 종이가 더욱 하얗게 보이게 형광 증백제라는 물질을 첨가하기도 해. 형광 증백제는 피부에 오래 닿았을 때 피

부 질환을 일으키고, 먹게 되면 소화 기관 등에 이상이 생길 위험이 있는 물질이야. 다행히 2018년부터 한국에서는 형광 증백제를 사용한 화장지, 물티슈, 종이 타월, 기저귀 등은 판매할 수 없어.

 흰 종이가 되는 과정이 그리 깨끗하지 않다는 걸 알고 나니, 나 택배 상자의 누르스름한 색이 건강해 보이지 않니? 물론 하얀 종이가 아니라고 해서 생산 과정이 친환경적이라고 할 수는 없어. 표백 과정을 거치지 않더라도 종이를 더 단단하고 질기게 만드는 다른 단계에서 화학 물질이 쓰이거든. 게다가 종이를 생산하는 전 과정을 보면 물도 엄청나게 필요해. 종이 1톤을 생산하는 데 4만 리터의 물이 필요하대. 산업이 활발한 국가에서는 전체 물 사용량의 11퍼센트를 제지 산업에서 사용하고 있다고 해. 이 많은 물이 폐수가 된다는 거고, 폐수를 정화할 때 드는 비용과 시간은 물론 또 다른 에너지까지 계산한다면, 분명한 건 종이를 많이 생산하면 생산할수록 지구 환경에 좋지 않겠다는 답이 나와.

종이 때문에 지구가 뜨거워!

　북극곰의 딱한 사정은 많이들 들었지? 지구 온난화 현상으로 빙하가 녹아내려 북극곰이 주요 서식지를 잃고 있다고 하잖아.

　지구 온난화는 지구가 점점 더워지는 현상이야. 1900년 이후 100년 동안 지구의 평균 기온은 0.74도가, 한국은 1.7도가 올랐다고 해. 고작 1도 올라간 거로 문제 있겠냐고? 지구의 평균 기온이 1도 올라가면 전 세계적으로 가뭄과 홍수, 태풍 등의 자연재해가 늘어난대. 게다가 빙하가 녹아 바닷물 높이가 계속 높아진다면 몇몇 동물이나 식물만 터전을 잃는 게 아니라 전 세계 도시도 물에 잠길 수 있다는 말이기도 해. 결코 북극곰만의 위기라고 볼 수 없는 거지. 지구 온난화는 이산화탄소나 메탄 같은 온실가스 때문에 일어나. 온실가스는 주로 자동차나 공장에서 매연을 내뿜거나 전기를 생산하는 발전소나 일반 가정에서 화석 연료를 태울 때 발생하지.

　왜 뜬금없이 지구 온난화 얘길 꺼내느냐고? 종이도 이 문제와 연결돼 있기 때문이야. 경제협력개발기구(OECD)의 발표에 따르면 제지 산업은 화학 산업과 철강 산업의 뒤를 이어 온실가스 배출량이 3위인 산업이라고 해. 한 예로 한국에서 매년 영수증으로 사용할 종이를 생산하는 데, 무려 5만 5000톤의 이산화탄소를 발생시킨대. 2만 대가 넘는 자동차가 내뿜는 이산화탄소 양과 맞먹는 수치라고 하니 정말 놀랍지 않니?

여기에 한 가지 더! 나무는 공기 중의 이산화탄소를 흡수해서 물과 태양빛을 이용해 양분을 만들고 산소를 내뱉으면서 살아. 그런데 이런 나무를 베고, 잘게 쪼개거나 태우면서 손상을 주면 나무가 흡수했던 이산화탄소가 다시 배출된대. 농장이나 인공 숲을 조성하기 위해 벌목한 땅을 태울 때 엄청난 양의 이산화탄소가 발생한다는 것은 말할 것도 없고 말이야. 동시에 천연 숲이 사라진다는 것은 온난화의 주범 이산화탄소를 흡수하는 정화 장치를 망가뜨려서 온난화 현상을 부추기는 결과를 낳아.

물론 숲이 파괴되는 것이 모두 종이를 생산하기 위한 목적은 아니라고 변호할 수도 있겠지만, 그렇다고 완전히 자유롭다고 할 수 없는 것도 사실이잖아.

너희가 쓰고 버린 종이가 어디로 가서 어떻게 처리되는지 알고 있니? 종이는 재활용품에 해당하니까 다시 잘 쓰이겠거니 생각하기 쉽지만, 현실은 그렇지 않아.

일단 종이는 생각만큼 분리수거가 잘되고 있지 않아. 2017년 환경부에서 전국 폐기물 통계 조사 결과를 발표했는데, 종량제 봉투를 채운 폐기물 가운데 종이류가 차지하는 양이 가장 많더래. 수거한 종량제 봉투는 보통 태우거나 땅에 묻어 썩게 하는 방식으로 처리해. 무엇이든 불에 탄다는 것은 온실가스를 배출한다는 거야. 그렇다고 땅에 묻는 건 괜찮을까? 종이가 썩는 과정에서는 메탄가스가 발생하는데, 메탄은 이산화탄소보다 23배나 강한 온실 효과를 일으킨다고 해. 미국의 경우, 쓰레기가 배출하는 메탄의 40퍼센트가 종이 때문이라고 하지. 한마디로 종이는 생산하는 과정뿐만 아니라 쓰임을 다한 후에도 여전히 지구 온난화에 영향을 끼친다는 거야.

종이를 마음껏 쓰는 대신 치러야 할 대가가 그리 만만치 않아 보이지? 그런데 종이가 썩으면서 더 강력한 온실가스를 발생시킨다는 것이 문제라면, 그럼 분리수거를 제대로 하고 재활용을 더 많이 하는 것이 하나의 해결책이 되지 않을까?

다시 쓰면 어떨까?

종이는 재활용이 가능해. 종이 재활용은 다 쓴 노트나 복사용지, 또 나 같은 택배 상자 등 쓰레기로 버려진 각종 폐지를 재료 삼아 다시 종이로 만들어 쓰는 걸 말해.

사람들이 분리 배출한 폐지를 모아서 코팅 부분이나 잉크 성분 등을 제거한 후, 물에 넣고 끓여 다시 펄프를 만들어. 이걸 재생 펄프라고 하고, 재생 펄프로 만든 종이를 재생지라고 해. 종이는 잘 다루기만 하면 최대 아홉 번까지도 이렇게 재생해서 사용할 수 있대.

그런데 재생지라고 해서 100퍼센트 재생 펄프로만 생산하는 건 아니야. 재생 펄프가 30퍼센트 이상만 들어가면 재생지라고 인정받지. 나 같은 종이 상자나 신문 등을 만들 때 재생지를 많이 이용해. 그렇다고 모든 재생지가 신문지나 택배 상자처럼 색이 있는 건 아니야. 재생지를 생산할 때 표백 처리를 하면 흰색의 재생 펄프도 생산할 수 있어. 하지만 환경을 생각해서 생산하는 재생지라면 표백 처리하는 단계 하나라도 없애는 것이 자연스런 일 아니겠어?

재생지라고 하면, 출판 역사상 빼놓을 수 없는 일이 있어. 전 세계적인 돌풍을 일으킨 조앤 롤링의 『해리 포터』 시리즈라고 들어 봤어? 1997년 1권이 출간된 후 2007년 7권으로 이야기가 마무리 된 『해리 포터』 시리즈는 지금까지 67개의 언어로 번역되어 4억 5000만 부 이상 판매되었고 지금 이 순간도 판매되고 있지.

그런데 한참 『해리 포터』 시리즈의 인기가 절정에 이르자 한편에서 걱정하는 사람들도 있었대. 뭘? 엄청 많이 잘려 나갈 운명에 처한 나무 걱정 말이야. 하지만 나무를 구하자고 책 만드는 걸 그만둘 수 없는 일. 그래서 캐나다에서 처음으로 『해리 포터』 5권을 재생지로 찍기 시작했고, 전 세계로 재생지 운동이 퍼져 나가 영국, 독일 등도 동참했어. 미국도 마침내 이 시리즈의 완결편 『해리 포터와 죽음의 성물』 초판 1200만 권을 재생지에 인쇄했지.

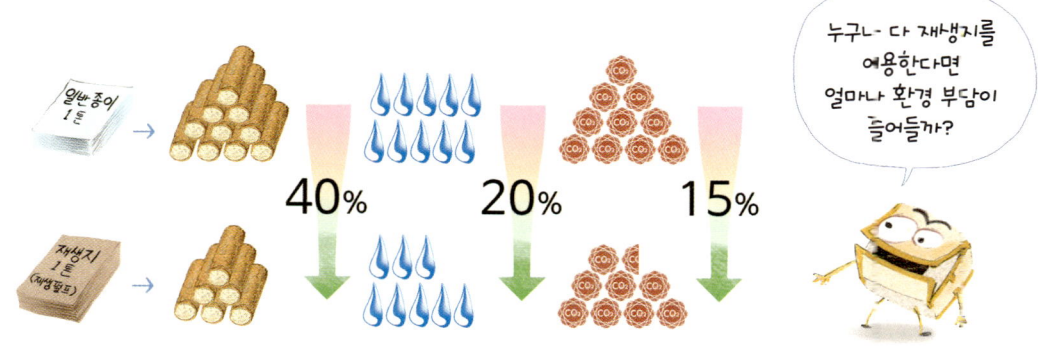

당시 한국에서도 환경 단체가 『해리 포터』 시리즈의 재생지 출판 운동을 펼쳤어. 그 결과 한국에서도 완결판은 재생지에 인쇄돼 출간되었지. 이런 일을 계기로 재생지 사용의 효과와 필요성에 대해 많이 알려지면서 2010년부터 중·고등학교 교과서를 제작할 때는 재생 펄프 30퍼센트가 들어간 재생지를 쓰기 시작했어.

그런데 재생지는 생각보다 많이 쓰이지 않아. 우선 일반 종이보다 빛깔이 희지 않고 색이 잘 변하거든. 여기에 아무래도 흰 종이가 새것의 느낌을 더 크게 주니까 사람들이 재생지로 만든 제품을 덜 고르는 경향이 있어. 무엇보다 중요한 건 재생지가 일반 종이보다 비싸다는 점! 그러니 기업 입장에서는 재료 값이 덜 드는 일반 종이를 더 많이 선택할 수밖에.

재생지는 왜 비쌀까? 놀랍게도 그건 많이 생산하지 않기 때문이야. 재생지를 찾는 곳이 많아야 재생지를 더 많이 생산하게 되고 그래야 가격이 더 내려갈 수 있거든.

한국의 경우 재생 복사용지 사용량이 전체 복사용지 사용량 가운데 불과 3퍼센트 정도래. 반면 독일은 기업들이 나서서 재생 복사용지를 쓴다고 해. 그러다 보니 일반 복사용지보다 재생 복사용지가 싸다고 하지.

그렇다고 재생지만 쓰고, 모든 걸 재생지로 만드는 것만이 옳은 건 아니야. 재생지의 생산 과정은 일반 종이 생산과 별반 다르지 않고, 표백 단계를 거치지 않는다고 해도 또 다른 오염 물질을 내보내거든. 폐지에 붙어 있는 테이프, 플라스틱 코팅 조각, 알루미늄 포일, 잉크 등을 제거하려면 독한 화학 약품을 써야 한다니, 재생 펄프 생산 공장에서 배출하는 폐수에는 이런 오염 물질들이 들어 있다고 봐야지.

똥과 돌, 종이가 되어라!

그런데 종이의 재료는 반드시 나무여야만 할까? 종이를 재활용한 재생지 사용마저 환경 오염을 줄이는 데 완벽한 해결책이 될 수 없다면, 종이의 재료를 완전히 다른 것으로 바꿔 보는 것도 방법이지 않을까? 아주 옛날에는 파피루스처럼 나무가 아닌 식물로 종이 비슷한 걸 만들었잖아?

미국 독립 선언문이 대마 종이에 인쇄된 거라는 사실 알고 있니? 대다는 옷감의 재료로 더 익숙할 거야. 한국 국민이라면 '대마'를 한 번도 못 본 사람은 없을걸? 아주 옛날 오랜 세월 동안 한반도의 조상들이 주로 입었던 삼베 옷, 바로 그 삼베가 바로 대마로 짠 직물이거든. 대마는 옷감의 재료 외에도 약이나 음식 재료가 될 만큼 쓰임새가 많은데, 줄기를 이용하면 펄프도 만들 수 있대. 대마 줄기는 희어서 따로 표백하지 않아도 펄프가 밝은색을 띠고, 나무보다 2~4배 이상 많은 양의 펄프를 얻을 수 있다고 해. 게다가 대마는 어떤 기후에도 잘 자라 어디에서나 재배할 수도 있어.

하지만 대마 종이는 쉽게 보기 어려워. 대마의 잎이 대마초와 같은 마약 성분을 지닌 물건의 원료가 되기도 해서, 대마 재배를 막는 나라가 많기 때문이야.

세상에나! 똥으로 만든 종이라니. 이게 정말 가능하냐고? 코끼리는 하루에만 250킬로그램 이상 되는 엄청난 양의 풀을 먹는대. 그리고 많이 먹는 만큼 똥도 아주 많이 싸지. 여기서 중요한 부분은 코끼리 똥 양이 아니라 성분! 코끼리의 주식이 섬유질이 풍부한 식물이라는 거야. 그렇지! 종이를 만들 때 없어서는 안 되는 요소인 섬유질을 코끼리 똥에서 얻는 거야.

코끼리 똥을 말린 다음 세척하면서 불순물을 제거해. 그러고 나서 물에 끓이면 똥 안에 있던 식물성 섬유가 엉겨 붙고 부드러워진대. 그렇게 얻은 섬유를 잘 거르고 펴서 말리면 종이가 되는 거지.

코끼리는 하루에 50~100킬로그램 정도의 똥을 누는데, 이 정도 양이면 A4용지 크기의 종이를 최대 660장이나 만들 수 있다고 해. 일반 종이에 비해 표면이 조금 거칠지만 환경을 생각하는 기업이나 단체에서 노트나 다이어리 등으로 제작한다고 해.

코끼리가 많은 태국에는 푸푸페이퍼 파크(poopoo paper park)가 있는데, 이곳에서는 관람객들이 코끼리 똥으로 종이를 만드는 체험에 참여할 수도 있대. 아, '푸푸'는 한국어의 '응가'처럼 태국 아이들이 똥을 가리키는 또 다른 말이래. 코끼리가 풀을 많이 먹는 동물이라 똥을 종이 재료로 쓸 수 있다면 소, 말, 당나귀, 사슴 등 다른 초식 동물의 똥으로도 종이를 만들 수 있지 않을까? 그래서 실제 여러 가지 시도를 하고 있대.

아무튼 동물의 똥으로 종이를 만들 생각을 하다니, 대단하지 않니? 그런데 여기서 한 걸음 더 나아가서 섬유 성분이 없는 재료로는 종이를 만들 수 없을까? 전혀 새로운 개념의 종이도 탄생했어. 그 재료는 바로 돌!

종이가 물과 불에 약하잖아. 그런데 돌로 만든, 일명 스톤 페이퍼라 불리는 종이는 물에 젖어도 끄떡하지 않아. 건축이나 토목에 쓸 돌을 캐는 채석장에는 자잘한 돌들이 많이 버려져. 그 돌들을 모아서 가루로 만들고 여기

에다가 플라스틱 알갱이를 조금 넣어 섞으면 재료들이 단단히 결합하고, 이걸 기계에 돌려 납작하게 누르면 종이가 돼.

스톤 페이퍼는 돌로 만드니까 나무를 자르지 않아도 되는데다가 생산 과정에 물을 사용하지 않아도 되니까 폐수를 만들어 내지도 않아. 게다가 표백하지 않아도 새하얗고 부드럽고 방수 기능까지 있어서 물이 닿아도 염려가 없어. 물을 툭툭 털어 내고 말리기만 하면 울거나 형태가 변하지 않고 본래 상태 그대로 쓸 수 있지. 다만 일반 종이에 비해 좀 무겁고, 비싸다는 단점이 있어.

이렇게 생활 곳곳에서 종이를 편리하고 풍족하게 쓰면서, 동시에 자연을 조금이라도 덜 파괴하면서 종이를 생산하고 사용할 수 있는 방법 등을 고민하는 건 특별한 일이 아니야. 자연 파괴로 인한 피해는 결국 사람들에게 돌아올 테니까. 종이도 쓰고 자연도 해치지 않는 좋은 방법이 또 없을까?

나무들의 어머니, 왕가리 마타이

나 하나라도 나무를 심어 보면 어떨까?

책! 잘 들어 봐. 너나 나나 나무한테 많이 고마운 처지잖아. 종이의 재료가 다양해지고 있다고 하지만, 어찌됐든 현재로서는 대부분의 종이 원료는 나무니까. 지구상의 숲이 점점 사라지고 있는 게 모두 종이 생산 때문만은 아니지만, 숲이 파괴되고 있는 것을 나 몰라라 해서는 안 되지.

어쩌면 '나무가, 숲이 그렇게 쉽게 사라지겠어?' 하고 생각할지도 모르겠어. '나 하나가 종이 사용을 줄인다고 해서, 혹은 종이를 더 많이 쓴다고 해서 큰 영향을 끼치겠어?' 하고 생각할 수도 있을 거야. 그런데 '나 하나쯤'이란 생각을 모든 사람이 한다면 어떻게 될까? 그렇게 된다면 정말 끔찍한 상상이 현실로 나타나지 않을까?

그러나 다행히 이와 반대로 생각하는 사람들도 있어. '나 하나쯤은, 나 하나라도 나무를 심어 보면 어떨까?' 하고 말이야. 그리고 이런 생각을 행동에 옮기는 사람도 있지. 왕가리 마타이, 이분이 바로 그 위대한 실천가야.

 왕가리 마타이는 1940년 아프리카 대륙 동쪽에 있는 케냐에서 태어났어. 여자냐 남자냐에 따라 너무나도 다른 차별 대우를 하는 게 전혀 이상하지 않던 시절이었지. 무엇보다 여자아이들은 학교에 다닐 수 없었어. 대부분 남동생이나 오빠들이 학교에서 지낼 동안, 땔감을 줍고 물을 길어 오는 데 시간을 쏟아야 했지. 그런데 왕가리 마타이의 부모님은 달랐어. 그분들은 딸을 학교에 보냈고, 왕가리 마타이는 미국과 독일로 유학을 떠나 생물학을 공부할 수 있었어. 외국에서 공부를 마친 그녀는 케냐로 돌아와 동아프리카 여성 최초로 박사 학위를 받고 나이로비 대학교의 교수가 되었지.

 그런데 왕가리 마타이가 이렇게 성장하는 동안, 케냐 여자들의 고통스런 삶은 조금도 달라지지 않았어. 오히려 더 힘들게 살고 있었지. 부패한 정부와 기업이 케냐의 숲을 무분별하게 개발했기 때문이었어. 그 영향으로 주변 땅은 황폐해졌고 가뭄이 들자 마실 물과 먹을 것은 물론이고 땔감을 구하기도 어려워진 거야. 그러니 가족의 굶주림을 책임져야 했던 여자들은 먹거리와 식수, 땔감을 찾아 수십 킬로미터를 걷고 또 걸어야 했지.

환경 운동가가 노벨 평화상 수상

이러한 상황을 목격한 왕가리 마타이는 여자아이들과 엄마들의 고통을 덜어 주기 위해서라도 나무를, 숲을 지켜야겠다고 마음먹었어. 그래서 1977년, 그린벨트 운동을 시작했어. 나무 한 그루를 잘 키워서 가져오면 사례금으로 3센트를 줘서, 나무 심기를 장려하는 운동이었지. 동시에 나무를 가꾸는 법, 작물을 제값에 파는 법 등 자연과 공존하며 살아가는 법 또한 가르쳤어.

하지만 그린벨트 운동은 결코 순탄하게 진행되지 않았어. 1989년, 부패한 케냐의 독재 정부는 나이로비 우후루 공원을 외국 투자자들에게 팔아넘기려는 계획을 세워. 외국의 투자자들이 그 공원 자리에 초고층 빌딩을 세우고 싶어 했거든. 왕가리 마타이는 이 계획을 막기 위해 3년 동안 시위를 벌였어. 시위를 하는 동안 감옥에 갇히거나 구타를 당해서 입원할 정도로 목숨의 위협도 여러 번 겪었지. 하지만 시위가 격렬해지면서 우후루 공원을 지키려는 노력은 전 세계에 알려졌고, 우후루 공원을 지켜야 한다는 여론이

왕가리 마타이가 시작한 그린벨트 운동은 아프리카 전역으로 퍼졌어.

형성되었어. 결국 외국의 투자자들은 투자 계획을 포기하고 말았지.

이후로도 그린벨트 운동은 계속되었고, 왕가리 마타이는 이를 반대하는 세력으로부터 갖은 협박과 폭행을 끊임없이 당하는가 하면, '미쳤다'는 손가락질도 수없이 받았어. 그래도 뜻을 굽히거나 포기하지 않았지. 2000년이 되자 그린벨트 운동을 통해 케냐를 비롯해 아프리카 전역에 심은 나무가 무려 3000만 그루에 달했다고 해.

왕가리 마타이는 2002년, 98퍼센트에 달하는 압도적인 지지를 받고 케냐의 국회의원에 당선되었고, 2004년에는 아프리카 여성 최초로 '노벨 평화상'까지 수상했어. 당시에는 환경 운동가가 노벨 평화상을 받는 것을 두고 논란도 많았다고 해. 하지만 이제는 환경을 지키는 일이 곧 세계 평화에 기여하는 거라는 주장이 이상하다고 할 사람은 없지 않을까? 나무 한 그루를 심자는 생각이 세계 평화를 가져온다니! 너무 멋지지 않니? 이제 그 멋진 생각을 실천에 옮길 차례야. 자, 모두 세계 평화를 지켜 보자고!

숲 개발 반대 시위를 하는 동안, 그녀는 숱한 폭행에 시달렸지.

30년 동안 환경 운동을 한 공로를 인정받아 노벨 평화상을 수상했어.

케냐 우후루 공원에는 그린벨트 운동을 잊지 말자는 알림판이 세워졌지.

디지털 시대의 종이

백과사전을 집어 삼킨 컴퓨터

　21세기 들어 본격적으로 열린 정보화 사회는 디지털 혁명이라고 할 만큼 모든 것이 디지털 기술 위에 이뤄지고 있어. '디지털'이란 컴퓨터를 비롯한 모든 전자 기기가 0과 1의 끝없는 조합으로 정보를 처리하고 저장하고 전송하는 방식이야. 일하고 공부하고 놀고 사람들과 관계 맺는 등 삶의 방식이 디지털의 영향을 받아 변하고 있어. 지금은 디지털을 빼고서는 생활이 불편하다 못해 어떤 기관이나 조직도 정상적인 운영이 어려운 상황에 이르렀지.

　어? 그런데 '정보를 처리하고 저장하고 전송하는 것', 요건 우리 책의 주인공 종이 이야기 아니냐고? 기억하고 있구나. 다양한 형태의 기록을 저장하고 보관해서 시간과 공간을 초월해 전송과 전파하는 그릇의 역할을 한 것이 바로 종이라는 걸 말이야. 그런데 이러한 종이의 기능 또한 디지털 기술에 의해 변화를 겪고 있어.

　뭐? 네이버 백과사전, 다음 백과사전은 들어 봤어도 '브리태니커' 백과사전은 처음 듣는다고? 그럴지도 모르겠다. 『브리터니커 백과사전』은 2012년부터 종이 책으로 더 이상 제작되지 않고 있으니까. 지금처럼 컴퓨터도 스마트폰도, 인터넷이란 말조차 없던 시절, 『브리태니커 백과사전』은 정말 지식의 보물 창고였어. 각 분야를 대표하는 전문가들이 저자로 참여해 시대에 맞게 내용을 꾸준히 수정 보완해서 열다섯 차례 개정 작업을 했기 때문에, 전 세계 사람들은 그 내용을 신뢰했고 그만큼 정말 많은 사람들이 이용했어. 그래서 그 인기는 영원할 거라고 생각했는데, 2001년 역사적인 사건이 발생하지. 바로 온라인 백과사전 '위키피디아'가 등장한 거야.

　위키피디아는 인터넷에 접속할 수 있는 사람이라면 누구나 정보를 검색해서 이용하고 자유롭게 글을 쓸 수 있을 뿐만 아니라 언제든지 내용을 수정할 수 있어. 이 모든 활동은 무료! 물론 위키피디아가 등장했을 때, 『브리태니커 백과사전』은 크게 위협을 느끼지 않았을 거야. 백과사전의 생명은 담고 있는 정보의 정확성에 있는데, 위키피디아는 전문가가 아닌 누구나 내용을 채울 수 있다 보니 과연 이 정보를 믿어도 될까 하는 의심의 눈초리를 받았거든.

2005년 과학 전문 학술지 〈네이처〉는 『브리태니커 백과사전』과 위키피디아의 내용을 분석했어. 50개의 항목을 무작위로 선택해서 내용의 오류가 얼마나 있는지 찾는 방식으로 정확성을 비교해 본 거야. 그 결과 심각한 수준의 오류는 『브리태니커 백과사전』과 위키피디아 모두 네 개로 똑같이 나왔고, 작은 오류는 『브리태니커 백과사전』에서 123개, 위키피디아에서 162개가 발견되었어. 사람들 예상과 다르게 둘 사이 큰 차이가 나지 않았던 거야.

이러한 조사 결과가 발표되자 위키피디아의 전문성을 믿을 수 없다고 했던 의심이 조금씩 걷히기 시작했어. 오히려 여러 사람이 참여하니 오류를 발견할 확률이 높고 수정과 보완도 즉각 할 수 있다는 장점이 부각되면서 위키피디아에 대한 신뢰가 점점 쌓여 갔지.

위키피디아의 가장 큰 장점은 집단 지성이라고도 해. 한 명의 전문가보다 100명, 1000명의 비전문가의 정보와 지식이 더 낫지 않을까? 게다가 더 빠르게 많은 양의 정보가 나올 수도 있고 말이야.

2007년 위키피디아는 『브리태니커 백과사전』의 정보량을 뛰어넘고, 2년 후에는 열다섯 배 이상의 정보량을 보유하게 되었지. 결국 『브리태니커 백과사전』은 세계에서 가장 많은 정보를 담고 있고, 가장 많은 사람들이 이용하는 백과사전의 자리를 위키피디아에 내주었어.

　디지털 백과사전 위키피디아가 종이 책 『브리태니커 백과사전』의 명성을 빼앗을 수 있었던 가장 큰 경쟁력은 일단 담을 수 있는 정보량이 무궁무진하다는 거야. 디지털이 가지고 있는 저장 능력은 정말 상상을 벗어나. 책장 여러 칸을 채우는 『브리태니커 백과사전』도 CD 몇 장에 담을 수 있어. 대학 도서관에 보관하고 있는 수만 권의 책이나 신문과 잡지 등의 온갖 종이 책 형태의 읽을거리를 대용량 컴퓨터 한 대에 저장할 수 있어.

　게다가 아무리 많이 담아도 무게나 부피가 커지지 않아. 그 옛날 부피가 크고 무겁던 죽간을 이용하던 시대가 얇고 가벼우면서도 더 많은 걸 담을 수 있는 종이의 등장으로 막을 내렸던 것과 닮지 않았니? 한마디로 기록의 저장과 보관 기능이 강했던 종이가 어마어마한 저장 능력을 지닌 디지털의 힘에 밀리고 있다는 거지.

종이 없는 세상이 올까?

저장과 보관 능력뿐이 아니야. 전송과 전파 능력도 종이보다 디지털이 훨씬 우월하지. 편지를 예로 들어 볼까? 예전에는 편지지에 한 자 한 자 써서 봉투에 넣고 우표를 붙인 다음 우체통에 넣으면 며칠 후에나 상대가 편지를 받아 읽을 수 있었잖아. 하지만 요즘은 어때? 일단 편지지나 우표, 편지 봉투는 없어도 돼. 이메일이나 휴대폰 문자 메시지로 작성해서 보내기 버튼 하나 누르면, 상대가 어디에 있든지 1분도 채 안 돼 읽어 볼 수 있지.

더욱이 요즘은 컴퓨터를 손 안에 들고 다니잖아. 스마트폰이 컴퓨터의 기능을 완벽히 수행하면서 문서나 사진, 동영상 등 각종 정보를 실시간으로 확인하고 바로 답하고 전송할 수 있어. 통신 기술의 발달로 그 속도가 점점 빨라지고 있고 말이야. 게다가 종이 책은 인쇄된 정보만을 제공하는 반면,

디지털 정보는 출처가 다양한 만큼 이미지나 영상 등 정보의 형태와 내용이 모두 풍성해.

또 디지털 정보는 복사, 보관, 이동, 삭제 등이 모두 어렵지 않고 빠르게 처리할 수 있다는 장점까지 있어. 반면 문서나 책, 전단지, 신문, 잡지 등 종이에 담긴 정보를 이처럼 작업하려면 공간도 필요하고, 복사기 같은 기계나 운송 수단의 도움을 받아야 하지.

이렇게 디지털이 종이보다 다양한 형태의 정보를 저장하고 전송하고 전파하는 모든 면에서 우월하다 보니, 요즘에는 생활 곳곳에서 종이가 사라지는 것을 목격하기도 해. 우선 스마트폰과 개인 컴퓨터 사용이 자리 잡으면서 각종 요금 청구서, 명세서, 영수증 등을 이메일이나 스마트폰 앱을 통해 받는 사람들이 늘어나고 있어. 신문지 사이에 두세 장씩 끼여 배달되던 대형 마트나 백화점 행사 전단지나 홍보지 등도 같은 이유로 점점 줄어들고 있고. 또 인터넷이나 모바일 뱅킹, 신용 카드를 이용하는 사람이 늘면서 종이 통장은 점점 자취를 감추고 있고, 지폐를 가지고 다니는 사람도 많지 않다고 해. 은행은 조만간 종이 통장 발급을 하지 않을 계획이래.

이렇게 디지털 기술의 발달 덕분에 종이 사용량이 점차 줄어 환경 오염도 개선된다면 정말 좋겠지? 그렇다면 디지털 기술은 환경 오염과 전혀 상관없을까?

디지털 정보는 종이에 출력이나 인쇄를 하지 않으면 쓰레기가 발생하지 않을 것만 같아. 하지만 컴퓨터나 스마트폰처럼 디지털 기기 자체가 쓰레기가 될 수 있어. 사람들은 디지털 기기를 얼마나 자주 바꿀까? 스마트폰의 경우, 짧게는 1년, 보통 4~5년 정도 사용하면 교체한다고 해. 새로운 모델이 등장하는 속도가 빨라지자 사용 기간은 더 짧아지고 있지.

미국에서는 한 해에 버리는 컴퓨터가 3000만 대가 넘고, 스마트폰은 1억 개가 넘는대. 그 가운데 재활용되는 것은 15퍼센트 정도에 불과하다지. 그럼, 나머지는 어떻게 되겠어? 전부 쓰레기장으로 보내져 땅에 묻히거나 태우게 돼. 이때 어마어마한 양의 중금속과 이산화탄소가 배출되지. 장시간 중금속에 노출되면 얼마나 위험한지 뉴스를 통해 많이 접했을 거야. 사람뿐만 아니라 모든 생명체의 터전인 토양도 심각하게 오염시키지. 그런데 쓰레기에서 배출되는 중금속의 70퍼센트가 디지털 기기 때문이라고 해.

디지털 정보는 많이 보관해도 큰 공간이나 자리를 차지하지 않지만 결코 안전하다고 할 수 없어. 우선 디지털 기기는 오래 쓰다 보면 자연스레 망가질 수도 있고, 무언가에 부딪치거나 떨어져서 더 이상 쓸 수 없는 상태가 돼 버리기도 해. 그렇게 되면 기기에 보관하고 있던 정보를 모두 잃을 수도 있지. 또 바이러스의 공격에 데이터를 모두 날릴 위험도 있어.

디지털 정보는 생성, 수정, 보완, 저장, 보관, 삭제 등의 작업이 수월하다는 것이 장점인데, 이 장점이 경우에 따라서 단점이 될 수도 있어. 내가 생성한 디지털 정보를 누구나 쉽게 접근해서 복사하고 빼 가는 게 수월하다는 말도 되니까. 또 전파와 전송이 쉽고 빠르다는 장점 또한 누군가 나쁜 의도로 이용한다면 큰 문제를 일으키기도 하지. 개인 정보나 가짜 뉴스 같은 정보가 일단 순식간에 퍼지면, 그 정보를 찾아 완벽하게 삭제하는 일이 불가능할 수도 있거든. 나도 모르게 내 정보가 인터넷상에 떠돌고 있고 누군가 이것을 보고 나쁜 일에 이용할 수도 있다고 상상해 보면, 결코 작은 피해라고 할 수 없을 거야.

또 하나, 디지털 정보는 이용할 때마다 에너지, 곧 전기가 필요해. 어떤 형태로든 에너지가 공급되지 않으면 어떤 정보도 이용할 수 없지. 정전이 난 상황에 놓인 컴퓨터, 배터리가 방전된 스마트폰이나 노트북을 떠올려 보렴. 아무리 많은 정보를 담고 있고, 필요한 정보를 제공해 주는 기기라고 할지라도 에너지가 없으면 고철 덩어리에 불과할 뿐이지. 반면 종이에 직접 쓰거나 인쇄한 모든 형태의 기록물은 책장을 넘길 힘만 있으면 언제 어디서든 읽는 데 문제가 없어.

또 종이 기록물은 훼손하지 않고 잘 보존한다면 수십 년, 수백 년 후에라도 읽을 수 있는 반면, 디지털 정보는 그럴 수 없는 경우도 있어. 시대에 따라 정보를 저장하고 읽는 방식이 달라지기 때문이지. 예를 들어 예전에는 CD나 플로피 디스크를 지금의 USB나 외장 하드 같은 저장 장치로 사용했어. 그런데 CD나 플로피 디스크에 저장된 정보를 지금 읽으려면 별도의 드라이브를 설치하거나 특별한 장치를 이용해야만 해.

게다가 클라우드 서버처럼 눈에 보이지 않는 공간에 저장된 데이터에는 누구나 접근할 수 없잖아. 이래서야 디지털 기록물을 후손에게 제대로 전달해 줄 수 있을까? 혹은 오늘의 디지털 기록물을 미래 세대가 발견할 수 있을까?

2000년 초, 전자책이 등장하자, 종이 책은 얼마 안 가 전부 사라질 거라고 했어. 하지만 여전히 사람들은 전자책보다 종이 책을 많이 읽고 있지. 종이 책 특유의 향기와 질감을 느낄 수 있고, 책장을 가득 채워 가며 소유하고 싶기 때문이라고 해. 종이 책만 보더라도 기록을 저장하고 보관하는 그릇이자 지식과 지혜를 전파하는 전달자로서 종이의 중요성은 여전하다고 볼 수 있어. 물론 종이의 역할과 기능은 디지털 기술의 발달로 앞으로도 점점 빠르게 줄어들 수밖에 없겠지. 하지만 플라스틱을 대체하는 친환경 재료로 종이가 주목을 받듯, 종이는 또 다른 영역에서 다양하게 변신하는 모습을 보여 주지 않을까? 단, 재주꾼 종이를 편리하게 이용하면서도, 환경을 살릴 수 있는 고민을 함께해 나간다면 말이야.

종이 없는 세상에서 소외되는 사람들

디지털 문맹이 뭘까?

 종이를 점점 디지털이 대체해 가고 있다고 했지? 바야흐로 지금은 디지털 세상이야. 디지털 덕분에 편리한 점은 참 많아. 방금 택배 상자가 휴대폰으로 책을 구입한 것처럼, 서점에 나가지 않아도 집에서 쉽게 책을 구할 수 있지. 다른 물건들도 마찬가지고 말이야. 하지만 물건 구매부터 회사나 은행의 업무, 기차나 비행기 승차권 예매 등 많은 부분에서 디지털이 일상화되면서 디지털에 익숙지 않은 사람들이 소외당하는 일도 생기고 있어.

 은행이나 보험 회사 등에서는 과거 직원을 통해 처리해야 했던 일을 인터넷으로 직접 하라고 권장하고 있어. 적금이나 보험 가입을 인터넷으로 직접 하는 사람에게 혜택을 주기도 하고 말이야.

 회사 입장에서는 이렇게 사람을 통하지 않으면 통장이나 서류를 사용하지

않아서 종이와 인쇄 비용을 아낄 수 있어. 물론 인건비도 줄겠지. 그리고 사용자 입장에서는 스마트폰이나 컴퓨터 같은 디지털 기기로 간단하게 여러 업무를 처리하면서 혜택까지 얻으니 좋고 말이야. 하지만 형편이 어려워서 디지털 기기를 살 수 없거나 할아버지, 할머니처럼 디지털 기기 사용을 어려워하는 사람들은 어떻겠니? 어쩔 수 없이 직원을 만나 은행 업무를 봐야 하는데 디지털 기기 사용자들처럼 혜택을 받지 못하면 억울하지 않을까?

만약 종이 책이 전부 전자책으로만 나온다면 어떨까? 많은 사람들이 디지털 기기를 이용해 책을 읽겠지만, 누군가는 책을 읽고 싶어도 읽지 못하는 일이 생기지 않을까? 책장을 펼치는 일은 배우지 않아도 할 수 있지만 디지털 기기 사용은 누구나 할 수 있는 건 아니니까.

이렇게 공공 기관을 비롯해 사회 구석구석에서 디지털 기술을 도입하면서 편리하고 효율적으로 일을 처리하고 서비스를 누리는 반면, 디지털 기술 사용에 어려움을 겪는 사람들도 발생해. 이들을 가리켜 '디지털 문맹'이라고 하지.

자리에 앉는 건 어려워!

돈 있어도 못 먹는 햄버거

지구 온도를 올리는 주범은 종이도 디지털도 아닌, 바로 나!

여러분은 종이의 질감을 느끼며 한 장 한 장 책장을 넘겨 읽은 끝에, 이제 마지막 한 장을 남겨 두고 있어요. 어땠나요? '종이'에 대해 뭔가 새로운 걸 발견했나요?

종이가 만든 역사는 참 놀라웠죠? 인류의 지식과 지혜를 고스란히 담아 보관하고, 또 널리 널리 전달하고 퍼뜨리면서 문명 교류와 발전에 값을 매길 수 없을 만큼 큰 역할을 담당했죠. 시대와 공간을 넘나들면서 '종이'가 메신저 역할을 하지 않았다면, 과연 4차 산업 혁명이나 AI 시대를 눈앞에 둘 수 있었을까요? 과학과 기술뿐만 아니라 예술, 정치나 역사는 또 어떤가요? 종이가 실어 나른 글과 그림을 통해 인류는 사회와 문화, 정치와 종교를 배웠고 그러다 문제점을 발견하고 깨우쳤을 땐 또 다시 종이를 매개로 더 나은 세상을 향해 목소리를 내고 함께 행동해서 지금의 세상에 이르렀죠. 역사의 굵직한 사건마다 '종이'의 역할이 얼마나 컸는지도 조금이나마 확인할 수 있었죠?

또 한 가지, 생각한 것보다 훨씬 더 많은 종이를 쓰고 버리고 있다는 사실도 알게 되었어요. 디지털 시대가 열리면 사무실에서 종이가 사라질 거라는 미래학자의 예측이 보기 좋게 빗나갔죠? 영수증, 통장, 책, 광고 전단지, 신문, 관공서 문서, 명세표처럼 종이에서 디지털로 옮겨 간 것들이 있는 반면, 택배 상자처럼 오히려 예전에 비해 사용량이 어마어마하게 늘어난 종이 소재 제품 또한 많고 말이죠.

그러다 보니 최근 전 세계적으로 가장 큰 문제로 떠오른 지구 온난화를 걱정하지 않을 수 없어요. 특별히 종이는 나무에서 태어나다 보니, 종이를 더 많이 생산할수록 숲은 파괴될 수밖에 없으니까요. 숲의 파괴로 발생하는 여러 문제 이외에도, 나무에서 하얀 종이로 완성되는 과정에서 표백제와 화약 제품 사용으로 강이 오염되고 공장에서는 엄청난 온실가스가 발생하니 지구 온도를 높이는 데 한몫을 하고 있는 건 분명하죠.

이쯤 되니, 그렇다면 정말 디지털이 종이를 대신하는 세상에서는 이런 문제가 해결될 수 있지 않을까? 하는 기대를 자연스레 하게 되더군요. 그런데 디지털로 연결된 사회에서는 또 디지털 문맹과 같은 또 다른 사회 문제가 발생할 수 있고, 디지털 기기 또한 생산하고 폐기할 때 환경 오염 문제에서 자유로울 수 없어요.

종이와 디지털을 둘러싼 이러저러한 갈등을 단숨에 시원하게 해결하기는 쉽지 않아 보여요. 그러니 어쩌죠? 단 하나 분명한 건, 종이든 디지털 기기든 지나치게 너무 많이 쓰고 버리고 있다는 거예요. 나무 대신 코끼리 똥이나 돌로 종이를 만들기도 하고 숲을 보호하는 노력 등을 한다지만, 종이는 물론이고 휴대폰이나 컴퓨터 같은 디지털 기기를 덜 쓰고 덜 버리는 게 가장 먼저, 가장 쉽게 할 수 있는 일 아닐까요?

실천이 어렵다고 하더라도 항상 관심을 두고 노력해야 지구 온도가 내려가길 바랄 자격이 있는 게 아닐까요?

• 참고문헌 및 자료

구정은 지음, 『사라진, 버려진, 남겨진』, 후마니타스, 2018년
김정인 지음, 『민주주의를 향한 역사』, 책과함께, 2015년
김지나 지음, 『무림』, 커뮤니케이션북스, 2018년
김해원 지음, 『한지, 천 년의 비밀을 밝혀라!』, 해와나무, 2011년
남궁담 지음, 『종이는 힘이 세다』, 현암사, 2012년
니콜라스 A. 바스베인스 지음, 정지현 옮김, 『종이의 역사』, 21세기북스, 2014년
랜쪼 로시 지음, 노래하는나무 옮김, 『책과 인쇄의 역사』, 꿈터, 2005년
로타어 뮐러 지음, 박병화 옮김, 『종이』, 알마, 2016년
마크 미오도닉 지음, 윤신영 옮김, 『사소한 것들의 과학』, 엠아이디, 2016년
마틴 라이언스 지음, 서지원 옮김, 『책, 그 살아 있는 역사』, 21세기북스, 2011년
맨디 하기스 지음, 탁광일 외 옮김, 『종이로 사라지는 숲 이야기』, 상상의숲, 2009년
반 시게루 지음, 박재영 옮김, 『행동하는 건축』, 민음사, 2019
앨빈 홀 지음, 신순미 옮김, 『똑똑한 돈 이야기』, 조선북스, 2009년
에릭 오르세나 지음, 강현주 옮김, 『종이가 만든 길』, 작은씨앗, 2014년
오항녕 지음, 『기록한다는 것』, 너머학교, 2010년
왕가리 마타이 지음, 이수영 옮김, 『지구를 가꾼다는 것에 대하여』, 민음사, 2012
유현 지음, 『대마를 위한 변명』, 실천문학사, 2004년
이명석 지음, 『이야기한다는 것』, 너머학교, 2017년
이언 샌섬 지음, 홍한별 옮김, 『페이퍼 엘레지』, 반비, 2014년
이영준 지음, 『기계 산책자』, 이음, 2012년
이윤민 지음, 『그 집에 책이 산다』, 한림출판사, 2015년
전판교 지음, 『천 년을 가는 우리 종이 한지』, 한솔수북, 2006년
진선여고 경제경영동아리 JUST 지음, 『경제학은 배워서 어디에 쓰나요?』, 뜨인돌, 2015년
차윤선 지음, 『종이와 인쇄 이야기 33가지』, 을파소, 2009년
투시타 라나싱헤 지음, 류장현 외 옮김, 『똥으로 종이를 만드는 코끼리 아저씨』, 책공장더불어, 2013년
편일평 지음, 『페이퍼로드 기행』, MBC프로덕션, 2009년

작은것이 아름답다(jaga.or.kr) | 한국조폐공사(www.komsco.com) | 무림페이퍼(www.moorimpaper.co.kr) | 푸푸페이퍼(www.poopoopaper.com)

• 사진 제공

15쪽 위키미디어(Loicvdh4470), 그레이프랩(주), www.scandinavia-design.fr | 19쪽 연합뉴스, www.shigerubanarchitects.com | 22쪽 위키미디어(Museo de Altamira y D. Rodríguez) | 24쪽 위키미디어(Mbzt) | 26쪽 위키미디어(BabelStone), 위키미디어(vlasta2), 위키미디어 | 27쪽 위키미디어(Hajor), 위키미디어(Stadtbibliothek Duisburg) | 32쪽 연합뉴스 | 35쪽 위키디디어(PHGCOM) | 38쪽 위키미디어 | 39쪽 위키미디어 | 40쪽 위키미디어(Tieum512) | 41쪽 위키미디어 | 42쪽 연합뉴스 | 43쪽 셔터스톡 | 45쪽 www.korean.net | 48쪽 위키미디어 | 53쪽 위키미디어(Daniel Ullrich) | 54쪽 위키미디어(Gun Powder Ma), 위키미디어(Graferocommons) | 65쪽 위키미디어 | 69쪽 위키미디어 | 70쪽 문화재청 | 71쪽 청주고인쇄박물관 | 75쪽 위키미디어(Florida Memory) | 78쪽 연합뉴스 | 83쪽 더블에이 | 84쪽 wood120.forestry.ubc.ca | 94쪽 위키미디어 | 95쪽 www.paperhigh.com | 99쪽 위키미디어(Demosh) | 101쪽 연합뉴스

*생각하는아이지는 이 책에 실은 자료의 출처를 밝히고, 도판의 저작권자를 찾아 허락을 받았습니다. 그럼에도 저작권자가 확인되지 않았거나 허락을 받지 못한 부분이 있다면 사용 허가를 받고 통상의 사용료를 지불하겠습니다.